修。行。安。住。

證嚴法師五大長老弟子

葉文鶯——編著

修行。安住。

證嚴法師五大長老弟子

葉文鶯——編著

師父出家

證嚴法師（上圖後排左一）二十一歲為了追求真理而出走，第二次翹家與修道法師到花東尋覓修行之所，化名「靜思」。二十五歲在花蓮自行剃度，法號修參。年少立志，「出離」堪稱「壯遊」（左上圖）。「愛女」捨家，養母王沈月桂心痛不捨！日後皈依成為三寶弟子，一路護持法師推動「慈濟」（左下圖）。

破例收弟子

在慈善院聽經皈依證嚴法師的弟子，首先是陳美玲（紹愈，最左）、施秀梅（紹恩，後排右三），而後是劉秀蓮（紹雯，前排右三）、阿蘭（紹意，後排右二）和已現出家相的德慈（紹惟，前排右二）。

一九六九年十月，印順導師蒞臨剛啟用的靜思精舍（左上圖）。

一九七〇年，帶髮修行六年多的紹雯、紹恩（左），以及後來的紹惺（中），在導師祝福下圓頂，同時出家受戒，法號依序為德融、德恩、德仰（左下圖）。

開山五大弟子

大弟子德慈三十歲依止法師，草根質樸，慈悲能容（右圖，攝影／徐政裕）。二弟子德昭三十一歲依止，克己克儉、認分勤做（上右圖，攝影／黃錦益）。三弟子德融，二十二歲皈依，自律嚴謹、老成持重（上左圖，攝影／黃錦益）。四弟子德恩，十八歲皈依，靈活聰慧，笑口常開（下右圖，攝影／黃錦益）。五弟子德仰，三十一歲皈依出家，擅長縫紉，老實木訥（下左圖）。

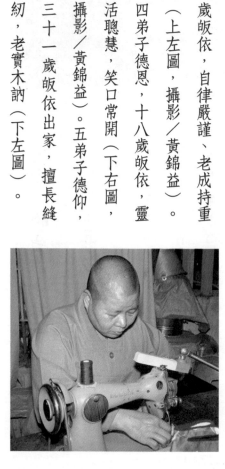

克難中的功德會與藥師法會

一九六六年五月十四日，證嚴法師在借住的普明寺進行藥師法會，宣布成立「佛教克難慈濟功德會」，決意開展濟貧工作（上圖）。出家前立願不趕經懺、不辦法會，成立功德會之後應護持信眾之請而開方便門，每月誦經回向支持慈善的會眾，同時祝福貧病者離苦得樂。為了做慈善，蓋道場的計畫不但延後，更為此背負龐大的借貸。功德會成立三年後，一九六九年五月，靜思精舍落成啟用後的第一次佛七法會（左上圖）。

克勤克儉農禪生活

種豆種薯並摘野菜佐餐，世人眼中的「呷菜人」，既不化緣也不受供養，反而救濟貧苦，一改世人對於出家人的看法。早年耕作，包括牛和犁，土地與種子都是借來的（上圖、左上圖，攝影／黃錦益）。德慈晚年投入陶藝創作，昔日騎著腳踏車載農作物到市區賣的記憶等，印刻在陶版，紀念那段篳路藍縷的日子（左下圖，翻拍／詹進德）。

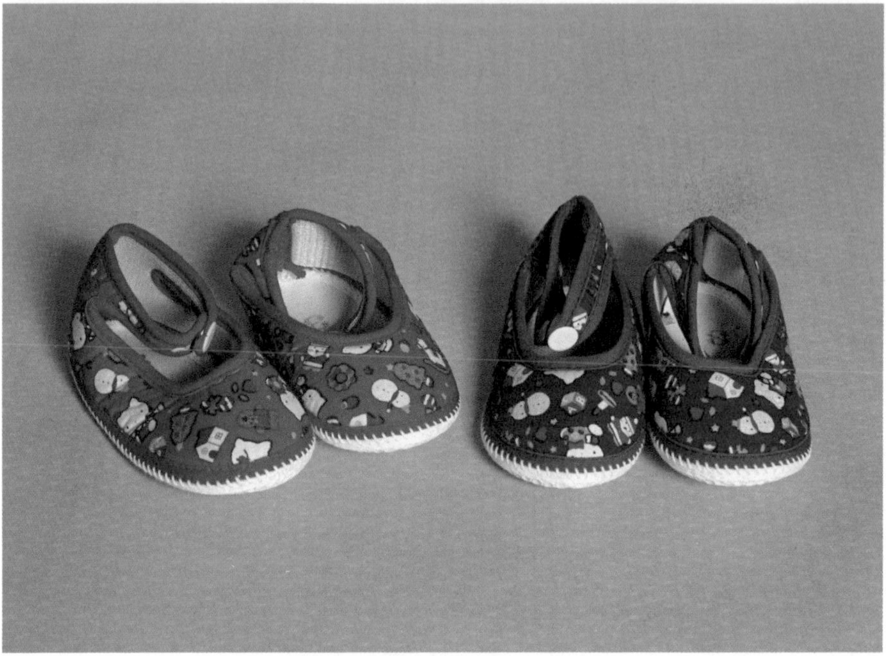

縫嬰兒鞋把注慈善基金

師徒貧無立錐之地，借住在普明寺，共住的六位常住以每人每天多做一雙嬰兒鞋，等於每人每天捐四元做慈善。當時他們窮得連出門搭公車的兩塊半都沒有！德融（左上圖背對鏡頭者）擅長編織，與德恩在工作間織棉紗手套，辛勤工作是為了助人為樂。比起從事其他代工，織棉紗手套是持續且較穩定的一項收入。

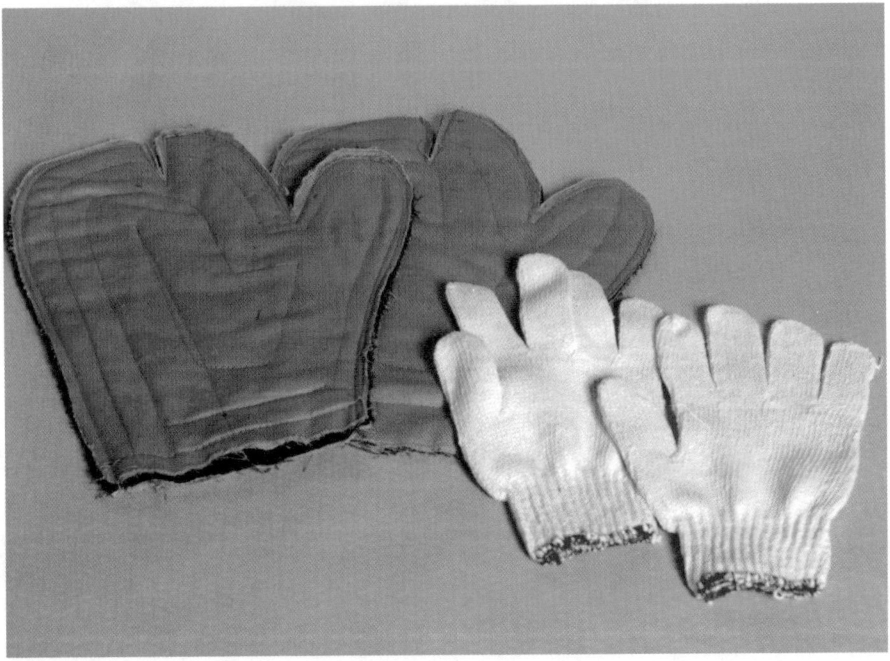

但願眾生得離苦

功德會成立三年，證嚴法師才蓋自己的精舍，「不為自己求安樂，但願眾生得離苦」，將貧苦者的需求列為優先。

照顧戶每月來領取物資和救濟金，常住以誠意用心打包物資，以示尊重；逢冬令發放更敬備佳餚招待圍爐，待之宛若親人。

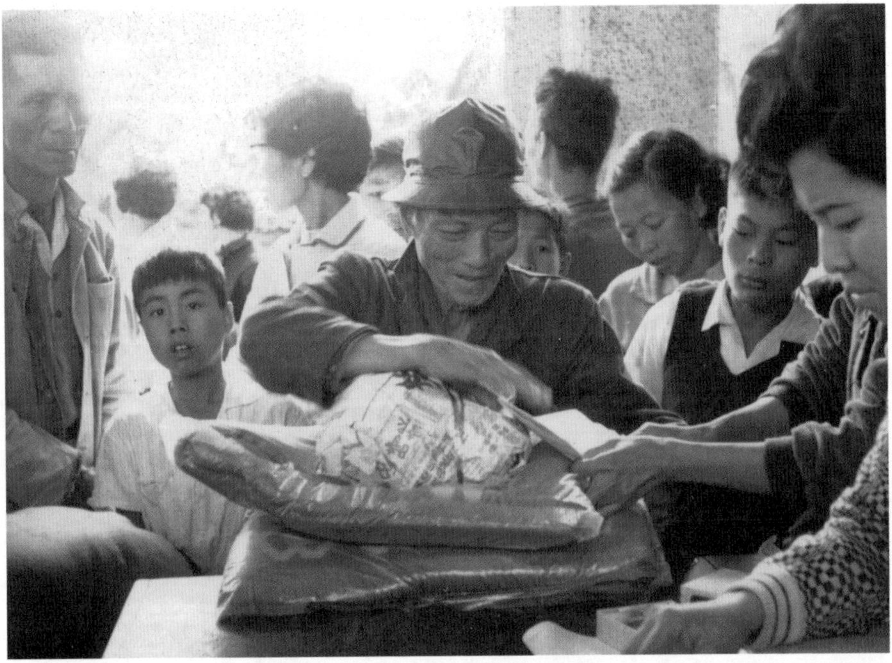

自食其力、不受供養

靜思僧團五十多年來維持自食其力、奉獻眾生的家風。常住早年做蠟燭，德慈晚年意外地走進繪畫與陶藝創作的世界，無心插柳不只是興趣，而是兼顧常住生活的收入。靜思精舍廣納十方，海內外的志工回到這個「心靈的故鄉」，食、宿皆由常住接待。僧團自力更生，並且對外廣結善緣（左圖上、下，攝影／蕭耀華）。

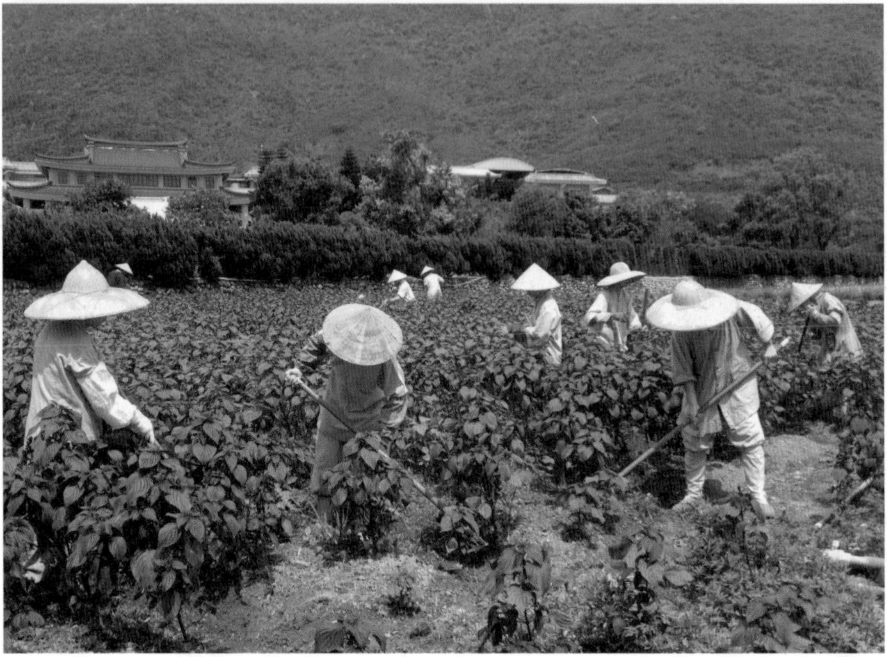

協力工廠、自力更生

從農禪生活到開辦食品工廠，精舍常住從耕種、做蠟燭、豆元粉，到以工廠規模研製與生產米糧和穀粉等食品，精舍常住在忙碌與粗重的勞務中，修身養性（攝影／黃筱哲）。

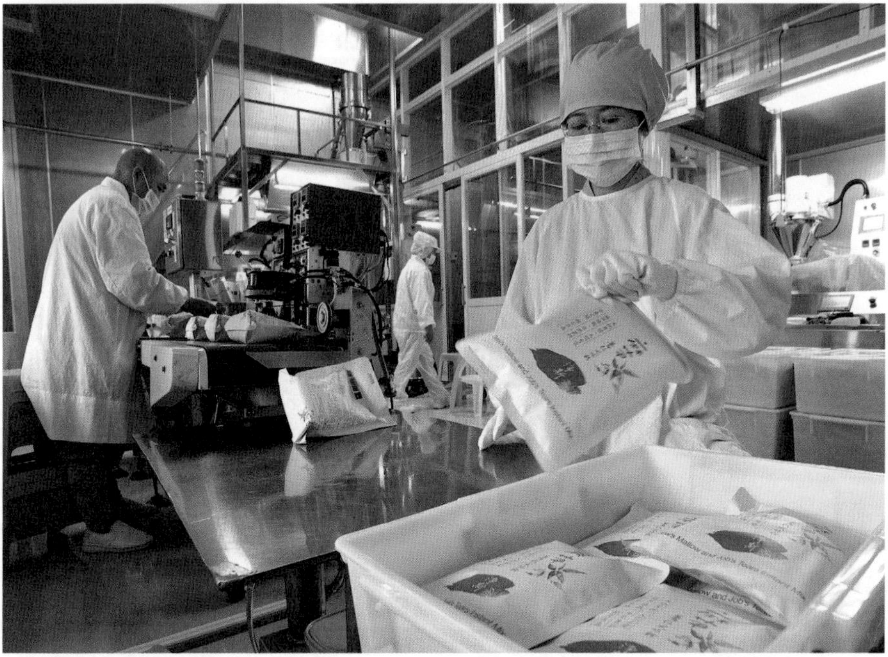

願挑天下米籮

法師為弟子剃度，德慈替師父端剃刀。五十多年前，師徒各自翹家出家，克服外在環境的考驗，與年輕人蒙受祝福出家相比，天差地別（攝影／蕭耀華）。

自一九六四年第一批弟子皈依，五十八年來，靜思僧團不到兩百五十位弟子。自力更生、不受供養，刻苦修行、兼利天下的道風，有心追隨者亦須具備奉獻精神（攝影／蕭耀華）。

願
生生世世
跟隨上人
信願行持
永不停

弟子服其勞

德慈被師父點名「站出來說話」，為訪客介紹慈濟所做的事以及常住的生活，接引眾人一同發心（攝影／陳正忠）。

德融作師父的耳目，參與國際賑災親手遍布施，體現佛法的精神（左上圖，攝影／林櫻琴）。

德恩承擔慈善訪視，左下圖為一九九四年道格颱風，水淹高雄岡山，德恩與志工商議救災行動。

一生無量

師父當年決心蓋醫院，沒錢、沒人也沒有土地，比登天還難！一九八四年動工後，建院期間不斷有會眾到精舍朝山，祈請「龍天護法」護持師父的大願。師父病弱，奉獻一生、度化人間，推動慈濟宛如從風雨中走來，崇高的理想也吸引同道者，以師志為己志，從一而生無量（左上圖，攝影／阮義忠）。

勤做實修的長者典範

德慈晚年致力陶藝，一如修行，認為堪得雕塑才能建立僧格（攝影／陳友朋）。德慈、德昭、德仰正在剝曬乾的印加果。年逾八十，依然奉行「一日不作，一日不食」，生活克勤克儉（左上圖）。第一代弟子經歷戰爭和貧窮，儘管出家並非順境，但就像大師兄以拉壞的手拉坏創作陶藝，象徵一切掌握在自己手中；德昭欣賞師兄作品，了然於心（左下圖，攝影／蕭耀華）。

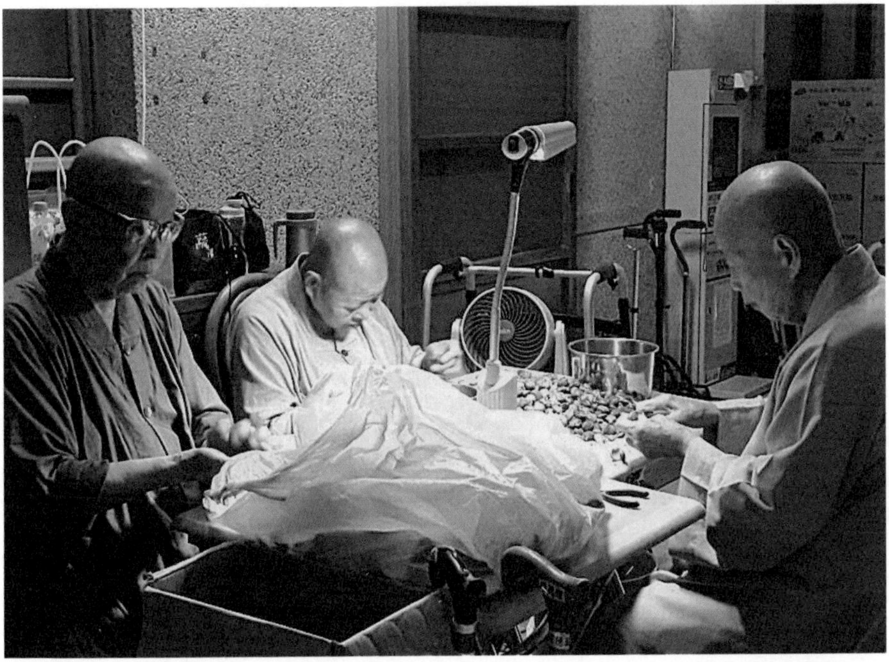

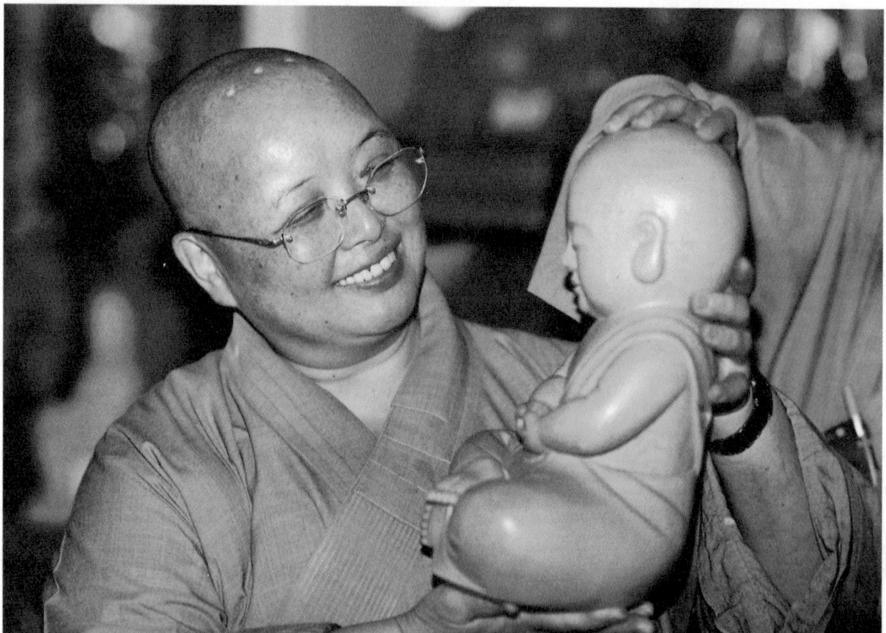

老實修行

慈濟泰北扶困計畫執行前，一九九四年，德融實地勘察、關懷國共內戰遺留的難胞，當地婦女歡喜與之擁抱（右上圖，攝影／黃錦益）。德恩笑口常開，雖英年早逝，卻留下行誼風範（右下圖，攝影／黃錦益）。

德仰老實修行，長年教導常住以漢文念誦經文（上圖，攝影／蕭耀華）。

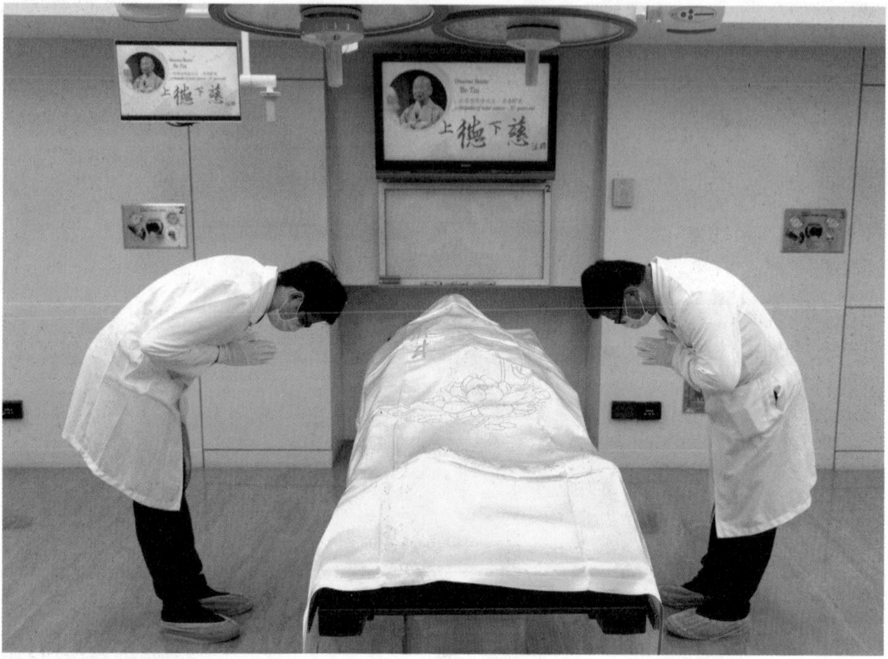

盡形壽、獻生命

德慈與德恩於往生後均捐贈大體予慈濟大學解剖學科，師兄弟中亦有幾位於捨報後成為慈大的「無語良師」，響應師父的提倡，造就醫學人才。二〇二一年，德慈的大體在十一月的模擬手術課程使用後進行植葬（攝影／蕭耀華）。

師父讚歎德慈生前樹立家風典範、廣結善緣，也讚歎德恩「走過比我更遠的路」，親手到中國大陸救災。左下圖為一九九七年元月，德恩參與福建省福鼎市水患發放，與志工一同關懷為趕赴領取物資而沒有用餐的老爺爺。

目錄

【第二部】開山拓荒，「窮」抱理想

推薦序

誰說菩薩不在人間！

撰文／王端正 慈濟基金會副總執行長．慈濟人文志業執行長

人，如果要成為一本書，就要成為一本可歌可泣，有情有義，有血有淚，足為讀者典藏，可以傳諸後世的好書。

人，如果要成為一首歌，就要成為一首既昂揚又溫暖，既高亢又悲壯，足以動人心弦，又讓人樂於高聲傳唱的好歌。

人，如果要成為一座山，就要成為一座厚重而孕育萬物，幽深而涵養生靈，讓人景仰願意親近的山。

人，如果要成為一條河，就要成為一條源遠流長，時而溫順流淌，時而

壯闊波瀾，遇石激起千層浪，遇壑瀑流萬丈淵，不捨晝夜，不息繁衍大地的萬古長河。

人生如戲，戲如人生。沒有哪一個人是戲臺下的看客，也沒有哪一個看客不是戲臺上的主人。

千古一戲，時空一瞬，一回眸就是一齣，「你方唱罷我登場」，燈光所到，人人都是主角；換個場景，轉個鏡頭，人人也都是配角。相互陪襯，戲分都是同等的重，也是同等的輕，在「時節因緣」這個製作人兼導演的眼中，給人的都是同等的機會。

眾生平等，佛性本具；人人各具價值，也各有所用。在時空共構的舞臺上，能善盡本具價值，發揮角色作用，人人都可濃入，人人也都可淡出。盡責而不執念，濃入了就是主角；盡分而不戀棧，淡出了就是配角。沒有主從之別，沒有輕重之分，舞臺上上下下，衣戴更更換換，同等重要。

百年一剎那，千年一瞬間，萬年一彈指。人生何其短暫，又何其渺小。才嘆「寄蜉蝣於天地，渺滄海之一粟。」又悲「哀吾生之須臾，羡長江之無窮。」今人總笑古人之多愁善感，焉知後人不嘲今人之裝模作樣！

對照亙古漫漫宇宙，與廣袤朗朗乾坤，人生確實短暫與渺小，但比起朝菌不知晦朔，蟪蛄不知春秋來說，人生又何其長。

其實，一念千年，千年一念，人生可長可短，人生的長短決定於心念與貢獻。顏回是孔門七十二賢中的賢者，「一簞食、一瓢飲，在陋巷。人不堪其憂，回也不改其樂。賢哉，回也！」這是顏回的安貧樂道。「有顏回者好學，不遷怒，不貳過，不幸短命死矣！今也則亡，未聞好學者也。」這是顏回的精進修養。顏回雖然「不幸短命死矣！」但他的慧命，經兩千餘年尚存人間。

莊子夢蝶，夢醒不知是莊生、是蝴蝶；盧生黃粱一夢，夢醒不知是貧賤、是富貴。人生如夢，是夢是醒，不必思量，盡了本分，方見本事。真空自有妙有，妙有即是真空。是真空？是妙有？不重要；重要的是無愧於心，利益於人，一生無憾。

要成為證嚴上人的弟子不易，但要做好上人的弟子不難。上人「為佛教，為眾生」，踐行「自力『耕』生，不受供養」的叢林清規，堅守「慈悲喜捨，拔苦予樂」弘法利生精神。遇難不怯，遇苦如飴，不憂讒，不畏譏，逆境不改其志，順境不改其志，「苟利於天下蒼生，雖千萬人吾往矣！」有如此「行邁靡靡，中心如噎。知我者謂我心憂，不知我者謂我何求？」忍人所不能忍，行人所不能行，堅毅不改其志的師父，如果沒有刻苦耐勞的覺悟，耕讀兼修的能耐，想成為上人的弟子，確實不易。有了這樣的覺悟與能耐，跟緊腳步，老實修行，亦步亦趨，劍及履及，「為佛教，為眾生」，嚴以律己，寬以待人，無怨無悔，要做好上人的弟子也不難。

慈濟宗門已逾五十六年，靜思法脈流長，遠及五大洲。早年皈依上人的五大長老弟子，年齡均已耄耋之年，僧齡也逾半世紀。從無根的浮萍，到有個簡陋的小木屋；從忍饑忍寒，縮衣節食的無米之炊，到採食野菜，汗滴禾下的勉強餬口。一路走來，嘗盡生活的艱辛，度過修行的坎坷。一簞食，一瓢飲，居陋室，卻也恬安淡然，不改耕讀之樂。

及至有個修行的落腳處，晨昏精進，日耕夜縫，一粥一飯，來之不易，一針一線，物力維艱。五大弟子從來一心一志，心靜如水，毫無任何懸念，過著「一粒米中藏日月，半升鍋裏煮山河」的苦修歲月。

「慈能予樂，悲能拔苦」，證嚴上人與五大弟子在花蓮苦修，稍能立足，一場跨宗教的對談，上人決定了「為佛教，為眾生」的方向，蓄勢待發，積極走入人群。一九六六年成立「佛教克難慈濟功德會」，開啟了竹筒歲月，展現了五毛錢的力量，開始了慈悲濟世的慈善志業。

上人心意已決，長老弟子們義無反顧，每人每天再增縫一雙嬰兒鞋，收入所得悉捐歸助人經費。人人各司所職，各盡所能，工作極大化，睡眠極小化，烈日中務農，昏燈下做手工。在堪忍的娑婆世界，日夜來回的忙碌身影，不是菩薩身影，什麼才是菩薩身影。

上人五大長老弟子的一生，人人都有豐富的傳奇故事；人人都是一本激勵人心厚重的書；人人也都是一首值得吟頌的詩。歷經歲月磨礪，飽嘗冷暖風霜，平淡中亦有激情，坎坷中自有坦途，逆境中隨遇而安，順境中恬淡謙讓。莫說他們無言，其聲如響；莫說他們不說法，他們處處都在說法。他們用守之不動的意志在修行，用實際的行動在說法。他們是如此靜定，共同的信仰是「此心安處是吾鄉」。心安了，根也就深了。

五大長老弟子中，年紀最輕的四師兄——德恩法師，最早親近上人，皈依上人時才十八歲，是五大弟子中的「開心果」，一生清淨無憂，笑顏常開，可惜二〇〇三年因病往生，壽年五十八歲，是最先辭世離開上人的弟子。直到現在，他的笑容仍不時在僧團裏浮現。

大弟子德慈法師，慈濟人都尊稱他為「大師兄」，工於陶藝，巧於繪畫，才華洋溢，年紀最長，披荊斬棘，開山拓荒，領眾前行，是僧團裏的兄長，也是以身作則的典範。他常說：「作為上人的第一代弟子，要有徹底犧牲的精神。」這點他做到了，而且是淋漓盡致，徹徹底底的做到了。遺憾地於二〇二一年五月二十六日因病捨報安詳往生，「慈師父講古」亦成為絕響，他是慈濟人心中永遠的懷念。

二師兄德昭法師，三師兄德融法師，五師兄德仰法師，雖然漸已年邁，偶有病痛，但都依然跟隨著上人步伐，穩步向前。

「合抱之木，生於毫末；九層之臺，起於累土；千里之行，始於足下。」靜思法脈的流長，慈濟宗門的廣開，上人五大長老弟子，胼手胝足，百折不撓的奉獻與付出功不可沒。

「至人無己，神人無功，聖人無名。」修行到「無己、無功、無名」的境界，已是出神入化、出凡入聖的十地菩薩境界。誰說菩薩不在人間！上人的五位長老弟子就是菩薩。誰說紅塵不是道場，老實修行處都是道場。「靜思法脈勤行道，慈濟宗門人間路」，能夠走在濟世助人的菩薩道上就是一種福，能夠在菩薩道上無怨無悔付出，就是一種慧。福慧雙修，悲智雙運，人生就了無遺憾。

《修．行．安．住——證嚴法師五大長老弟子》一書，書寫了五位長老弟子的簡略生平，如何走入佛門，皈依上人的因緣，以及皈依上人後的修行歷程與草創慈濟宗門的種種艱辛，不經風雨不見彩虹，不熬霜雪不聞梅香，上人五大弟子，每位都是一本可以傳諸後世的好書；一首可以高聲傳唱的好歌；一座可以讓人景仰親近的高山；一條源遠流長、孕育蒼生的巨河大川。大師兄德慈師父的「德」；二師兄德昭師父的「勤」；三師兄德融師父的

「穩」；四師兄德恩師父的「恭」；五師兄德仰師父的「巧」；都足為典範。

本書出版在即，特為推薦。

「無有疲厭」的修行風範

撰文／盧蕙馨　慈濟大學宗教與人文研究所兼任教授

在悠遠的佛教史中，比丘尼多半名不見經傳。在臺灣，佛教比丘尼受戒的比例遠大於比丘，即使他們翻轉了華人佛教的傳統局面，也挹注生機活力於人間佛教的發展，然而，關於比丘尼修行歷程的記事仍寥寥無幾，彷佛其人其事注定要隱沒在歷史的洪流裏。

因此，這本靜思僧團第一代五位尼師的訪談紀錄顯得格外珍貴。慈濟早期篳路藍縷，以證嚴上人的悲心願行為前導，與幾位弟子胼手胝足全心奉獻，才得以凝練出慈濟最穩固的道心，開創人間菩薩的範行。

第一代常住師父老實修行，一向低調，將精舍打理成四方遊子溫暖的「心靈故鄉」。

印象中的上人大弟子德慈師父，一直是圓潤謙遜的模樣，「講古」道出艱困年代的種種考驗，草根性的敘述平實且不說教，十分吸引人。我有幾次帶學生去拜訪他，這是參訪靜思精舍的必要行程。

最後一次是三年前，當我們依約來到陶慈坊，卻沒見慈師父人影，尋了又尋，才發現八十五歲的老人家沁著汗珠，在小小的廚房煮大鍋麵，要給來幫忙的志工當下午點心。然後，他張羅茶具，親切地泡茶招待我們。

在屋後不時有火車經過的隆隆車聲中，他說年輕時曾經逃家，一心修行，跟隨上人後，清苦的日子「什麼都沒有」，硬撐著尋各種生計。如今一切功德歸於上人，他懺悔自己沒做好，對佛法也熏習的不夠。

當時只覺得從古道走來的人，連同門前盛開的小花，都散發出安然的靜美，教人感佩。時光沒有停駐在那一刻，因為那天下午的「講古」已成絕響。

幸好，本書的問世，讓我們得以較完整地追溯故人舊事，在怎樣的年代師徒結緣，在東臺灣山海之間的偏鄉，共同開闢出不可思議的菩提大道。

第一代師父是在一九六〇年代出家，當時女性出家被視為逃避婚姻歸宿，只有「吃苦菜」的份。女眾道場需自力更生，不只要會「三刀六槌」，還要拿得起鋤頭，下田農耕。除了早晚課誦，有時為信眾誦經外，修行內容不出為生活吃苦耐勞。

第一代弟子青春年少時就落髮，嚮往在明師座下，得以朝夕聽聞佛法，踏實清修。為了實現自己作主的夢想，錦衣玉食皆可拋，不管在田間日曬雨淋，或昏黃燈下做手工，咬緊牙關就可撐過，因為生活所需不多。

沒人意料到，過不了多久，他們得為四方遠遠近近的人挑擔子，因為上人立願開始救濟貧苦，弟子們從此不再有自己的夢，勞苦身形竭力付出，只想如何解救他人的苦難。

遙想當年，一小群尼師動心忍性，在生活中步步體證《華嚴經．普賢行願品》所言：「我此大願，無有窮盡，念念相續，無有間斷，身語意業，無有疲厭。」憑藉的不是經典教理，而是歷事的心性磨鍊，不分執事，多方學習，以及上人嚴以律己的身教，對弟子不假辭色的調教。

這樣的調教非文字戒律所能形容。早期弟子被上人「電甲金金」，身為大弟子的慈師父首當其衝。我曾看到他在上人面前搓著手，不知為何事帶著歉意地憨笑，不為自己說話，如今見書中所述，方知那是百煉鋼後的「繞指柔」。早年身為養女常被奚落打罵，骨子裏練就的剛烈，使他逃家以致於如願出家，沒想到出家後，另一種形式的「詰問」常劈頭而來。

既是自己選擇的路，就要問心何以安住。上人的責難看似無情，卻都是教弟子破除我執我見，調伏習氣的藥方，是否有效就得反身「問心」，不落言詮。

古籍中大修行者的風範即是如此。不只在工作中修行，師兄弟同道同心相互成就，即使後來各有職守，也都超越了「我相」。第一代弟子中唯一會對大眾演講的只有慈師父，說的是慈濟「從無到有」的故事，沒有高深的道理，卻句句為他們的身影下最好的註腳，感動無數人的心靈。

第一代弟子人數少，同修共住也無現成的章法可循，但合力造就慈濟以及靜思僧團動人的首章。在歷史悠悠的長廊裏，我們回頭一望，恩師父和慈師父已不在人間，人間物事浪淘盡，如師父們所說「船過水無痕」；然而，他們的音容風範透過文字敘述，再一次鮮明地活在我們心中，長廊起點傳來殷殷的召喚：莫忘初心前行！

時代變遷，年輕一代的常住師父有不盡相同的修行課題，但第一代弟子守志奉道的精神，在精舍孜孜營生，接引十方來眾的日常中，已見道心相印的扎實傳承。不論未來外在環境再如何變化，第一代弟子已為時代更迭的比丘尼修行，立下永續的典範。

本書經過作者多方勤訪，輔以相關文字資料而成。雖然第一代弟子已入雲淡風輕，水過無痕的境界，字裏行間具體指向慈濟的精神源頭，示現「無有疲厭」的諸多修行啟示。

楔子一

女人的素直之路

她們不想在世間隱姓埋名，卻同時捨棄姓氏，毀形易服、改頭換面，洗盡凡塵，宛若重生。

浮沈多年，大喜之日就在明天。

五位長髮女子紮著頭巾站在餐桌前搓湯圓，白色、麴紅色，小小一粒粒擺滿一個個大托盤。她們在掌心搓圓自己的「終身大事」。期盼已久，禮服已經做好，同一款式量身訂作。她們將在同一天走入殿堂，屆時也將換上另一種身分——入如來家、成為佛子。

為此，靜思精舍熱鬧了一下午，直到明月升起，蛙鳴蟲唧。

辭親割愛，立願出家

「今天好多人特地來祝福，順便抱一抱她，因為明天開始就不能抱了！」親友喜孜孜地在證嚴法師的面前說，足見立志修行的女子在家，集寵愛於一身。

自海外留學歸來，在事業上足以發揮所長，某日到精舍向證嚴法師發願也要共挑「天下米籮」，利濟貧苦。父母聞之，隨喜掌上明珠有朝一日堪為法器。也有來自馬來西亞的皈依弟子請求出家，受新冠肺炎疫情的影響，父母無法來臺觀禮，疫情不知何時才能解封，因此鼓勵女兒把握修行的好因緣。

「女兒做這個決定，你們歡喜嗎？」「父母若是不能來的，有祝福嗎？」即使弟子隔天就要出家了，法師一臉慈愛，頻頻關切：「生活能適應嗎？」

二〇二〇年十一月四日，農曆九月十九日觀音菩薩出家日這一天，證嚴法師為五位近住女（註一）剃度，在前一天特地與五位弟子及其家眷座談。

出家修行是個人的決定，必須自己想清楚；法師從來不鼓勵人出家。他為僧團制定規則，弟子出家前必須經過至少兩年近住女的生活，融入常住並學習各項執事，自我檢視是否足以適應；通過僧團的審核之後，還必須徵得父母的同意。此外，出家弟子一旦離開精舍，即使是到佛學院進修，同樣不得再回到僧團。

一九六四年，證嚴法師帶著三、四名弟子到花蓮秀林鄉佳民村的普明寺借住，組成靜思僧團。將近六十年來，法師身邊的出家弟子不到兩百五十位。晚近出家的這五位弟子，與前五大弟子出家的時間相差五十年，時代氛圍和社會觀念已經大不相同。

年輕的弟子立定志向出家，既得到父母的祝福，由於家眷觀禮，僧團常住如臨喜慶搓湯圓應景。種種因緣條件堪稱順境出家。

「我也是個翹家女孩！」證嚴法師偶爾在開示中談到自己六十年前出家的經歷，口吻故作輕鬆，其實內心感嘆一路走來很孤獨。

「父母歡喜嗎？同意嗎？」法師二度翹家到臺東，養母和生父連袂找來。他們既不歡喜也不同意。

「你不回去，我也不回去。」養母堅持。

「若是沒有出家成功，決不回去。如果硬是要帶我回去，也只是帶回一個空殼。」這是一場親情的拔河，必須有一方鬆手。

法師當時歸還養父母之前贈予的戒指，連同流浪途中典當的一條鑽石金項鍊也贖回來交給養母，象徵與俗情切割。入冬了，養母特地為他帶來外套和一套衣裙，他沒有拒絕母愛，同時承諾在每年中秋節養母的生日，一定回家為她祝壽。

辭親割愛、經歷苦修，不為所動地堅持自己的選擇，臺灣才有這一位證嚴法師和「慈濟」基金會。

「我常說我這輩子都很孤單，永遠都是一個人，不過，我有無量的『我』。現在在座以及每一個有心修行的人，都是我！」證嚴法師勉勵弟子發心立願、甘願承擔，做師父想做的事——慈悲濟世。

「要精進！」他勉勵新發意的沙彌尼（註二）。

開山拓荒，堅實後盾

師父對於後來出家的弟子多所關愛與勉勵，看看五十多年前，他對第一代弟子精神喊話：「有能力一天吃三餐，沒有能力，吃一餐也是可以。將來會有屬於我們自己的地方，第一代的人必須徹底犧牲！」

「徹底犧牲」何其沉重！對現在的年輕人來說也許觀念早已過時，然而第一代弟子深信不移。

「出家人就是要克服困難，不要怕辛苦。」大弟子德慈說。

「出家不是來享受，而是來奉獻的。」三弟子德融也認同。

「師父怎麼說，我們就怎麼做。」德慈、德昭、德融、德恩、德仰五大弟子，追隨師父披荊斬棘，即使在田間工作到快昏倒，還是咬緊牙根繼續做，才有今日穩固的基礎。

會不會感嘆生不逢時？「不會，時勢（環境）就是這樣。」德慈的表情淡定。

他們與證嚴法師一同走過臺灣一九六〇年代保守的社會風氣，那時，女性出家受盡社會的菲薄，「那裏面的女人應該心情很不好吧！」寺院外牆傳來奚落的話語。德慈卻說：「我不是看破紅塵，而是立志出家。」

出家，是一條素直之路，永不回頭！

在歷居以來的披剃大典，德慈領眾迎請師父為剃度和尚尼，他捧著剃刀，讓師父在每位新發意的沙彌尼頭頂象徵性地剃撥三刀。「願修一切善、願斷一切惡、誓度一切眾生。」弟子發願並正式皈依。一時，佛門新添戒子，諸佛歡喜，鐘鼓齊鳴！

這次領眾，德慈本欲婉辭，「帶頭的人方向要正確、不能偏差，否則差之毫釐、失之千里。」師父經常這樣開示，讓發現自己的腳步已經開始「走偏」的德慈，不敢居首。

晚年經歷兩次膝關節手術，他的腿些微的不等長，走路無法保持身體平正。一次在玻璃門上照見身影，「咦？我怎麼走路肩膀一高一低？」這才大吃一驚！

「看你走路好像很無奈的樣子！」德慈年輕時習慣拖著腳步，被師父嚴加指正。沒想到老來步態有些歪斜，重視威儀的他主動辭讓；主事的中生代師兄弟認為如此重要的典禮，非大師兄領眾不可！

德慈自知唯有邁開大步才能維持走在一直線上，彩排時提醒後進一定要跟緊以免脫隊。年輕人要跟上腳步並不難，重要的是方向要正確。德慈領眾便具有這樣的象徵意義。

「大師兄是我們精舍的模範！」德融說。

靜思精舍第一代弟子和師父一樣，他們都只是「小學生」，僅受基礎教育，跟隨師父那時芳華正盛，「不知為何，師父找到我們幾個。」德融說。就某個意義來說，他們像是被挑選的人。

師父當年一貧如洗也沒沒無聞，本身卻有一股莫大的吸引力，第一代弟子跟隨師父開山拓荒、開創慈濟功德會，僧團不但養活了自己，五十多年後的今日，「慈濟」從本土慈善做到全世界。

靜思精舍力挺慈濟志業，成為師父和全球慈濟志工最堅實的後盾；第一代弟子是僧團精神的代表，更是幕後一股無聲而深厚的力量！

出家的意義

「欲超脫人生的苦難，就要捨——捨棄一切情欲，施予眾生大愛。諸位既選擇捨離俗家的小情小愛，奔向如來大家庭的長情大愛，佛法浩瀚如大海、寬廣無邊，從今爾後，要拉長情、擴大愛，把握時間及生命，上求佛道、下化眾生。」——證嚴法師

（註一）近住女：在家女子（男子）受持八戒者，以親近三寶宿住，故稱近住女（男）或善宿女（男）。

（註二）沙彌尼：漢譯為勤策女，指女子出家受十戒而未受具足戒之稱。

第一部

唯有袈裟披肩難

叛逆、冒險與堅持，她們走在脫俗之路，也是回家之路。擺脫傳統女性依附的角色，立志出家不是短暫出走，而是人生的壯遊。

不只一位翹家女

阿月在證嚴法師面前，不敢多提自己為了出家而翹家的細節；而同樣的波折、不同的歷程，小她三歲的法師已經是勇敢的先行者……

一九六四年三月，三十歲的呂阿月已經自行落髮，現了出家相卻還住在俗家，剃度了卻沒有皈依師，等於後腳還釘在俗家。她等待五個月後弟弟退伍回來，將已經訂親的未婚妻娶進門，那時身為養女的責任才算圓滿，可以真正去出家。

為了日後成為足以「弘法利生」的法師，她打算出家後先去念佛學院，以奠立佛學基礎。等待期間，她到花蓮的王母娘娘廟（註一）學習課誦，在那裏聽說慈善院（一九七八年改稱慈善寺）來了一位年輕法師在講經，於是把

釋德慈（1934～2021 年），號紹惟
僧團當家。慈悲能容、廣邀來眾，識人第一

握機會多聞佛法。

證嚴法師二十七歲，法相莊嚴、英氣逼人，阿月一見到他，心裏既歡喜又敬畏。

師父晚上講《阿彌陀經》，我下午就去了。他瘦瘦的，坐在寺院後的木板房看經書，穿著一身淺灰，衣襟內是白色的衣服，很清秀也很有威嚴。師父問我的法號，又問我從哪裏來？我說我叫做「見如」，是花蓮人。

「我是自己剃度的，沒有皈依師。」阿月簡短自我介紹，絲毫不敢提到自己為了出家而兩度離家出走。

聞法一個多月，聽說前兩天已經有人皈依法師，劉秀蓮（即後來出家的德融）也打算要皈依。秀蓮的姊姊住在阿月家的隔壁，她們彼此認識，秀蓮事先問過阿月要不要一起皈依？阿月認為皈依是正式儀式，沒問過養母也不敢答應。

秀蓮皈依當天，阿月不好意思進入大殿，站在外面角落以為會聽見唱誦聲，沒想到裏面很安靜。她好奇走進一看，只見兩位女孩正在禮佛。

「這位師父的皈依儀式很簡單，只要在佛前三拜，再向皈依師父頂禮三拜就可以了。」聽見有人這麼說，阿月提起勇氣頂禮法師。

起身時，師父就問：「怎麼多了一位？」感恩師父不忍心拒絕我，還當場賜給我法號「紹惟」。皈依結束後，我才去補禮佛三拜。（註二）

「怎麼又多了一位？」皈依的動作雖然慢了半拍，呂阿月當天得到師父給予法號；日後在師兄弟之間年紀居長又最早出家，因此成為僧團的大弟子。

其實在拜師前兩年，阿月見過法師，只是當時不知其名也沒有交談。那時，師徒在花蓮火車站前錯身，證嚴法師還不是證嚴法師，阿月更不知道接下來的命運。直到他們在慈善院正式見面，兩年來各自經歷了人生的磨難——法師在普明寺後方的小木屋苦修，清修的生活受到人事的違緣；阿月則經歷一場轟轟烈烈的家庭革命，此刻才風波將息……

佛家常講，順緣時要有「無常觀」，處逆緣要有「因緣觀」。師徒之間遭逢的不順遂，也許正是為了在慈善院的這場相遇……

我的姑姑養母

呂阿月本姓黃，一九三四年出生在花蓮新城鄉新田村，一個從宜蘭遷徙到花蓮的屯墾家族。祖父母帶著三個兒子和兩個女兒來到這裏播種墾荒，一開始的收成並不好，這個家族渴望著男丁，偏偏阿月生為次女。

「生查某囡仔做什麼！」這是父親見到她的第一句話。

「雖然是生查某囡仔，可是也生得很辛苦啊！」母親感到委屈。她大腹便便地在田裏工作到「順月」（預產期），開始陣痛便請產婆到家裏來接生。看著女娃在懷中吸吮乳汁，她不知道這孩子能在自己身邊待多久；丈夫已經決定將孩子送養，她不禁流下眼淚。

阿月的祖母想到大女兒黃阿乃一直沒有生育，畢竟同是黃家骨肉，希望阿月可以當她姑姑的女兒。

「姑姑來看過，她不喜歡我。」阿月長大後從大人口中得知，姑姑當時嫌棄她頭髮稀疏，皮膚黑黑的，長得不夠漂亮。後來媽媽背著她到市區購物，買好東西順便到大姑姑家裏，六個月大的阿月模樣很可愛，翻身的樣子也很有趣，黃阿乃想起母親為了勸她收養阿月，嘴裏不時掛著：「自己的骨肉……」她真的答應了。這個外甥女從養父的姓，改名呂阿月。

我是呂皮黃骨的！六個月大就說定了。姑姑說我還太小，她不會帶，所以送來棉被和奶粉委託阿嬤照顧，她偶爾來看我。兩、三歲我會走路了，姑姑回來，阿嬤就告訴我：「阿母仔來了！」我就出去路口等著。到了三、四歲，姑姑和姑丈來帶我回家。他們買米香回來拜公媽，我拿著米香就要跟著「阿母」走。她不許我再稱生母「姨仔」，要改叫「二妗」。有一次我又稱呼親生父母「阿爸」和「姨仔」，就被罵了！小時候內心不服氣也不敢說。

在阿月之後，養父母又抱養一名男孩。黃阿乃不知如何說服丈夫，竟然讓這男孩坤山從她姓黃。這也埋下日後阿月有意出家卻無人延續香火的兩難。

養女身不由己

俗話說「姑疼甥」，這對養母女同姓氏也血緣親，阿月卻自小領受養母的嚴厲管教，經常在言語中貶抑她。

阿月小時候很喜歡看電影，養母經常有電影招待券。「我知道有些日本片很好看，跟她要招待券，她就罵我：『臭柑也想要擺籠面（高攀的意思）！』」

明知阿月愛看電影卻又不給她，「真的那麼愛看嗎？」每次阿月主動去要，養母故意吊她胃口。

一次，阿月又遭養母責打，實在好疼！為了讓養母放下棍子，阿月不及擦乾眼淚強作笑臉：「阿母，我以後長大一定買很好吃的東西給你吃！」

「真的？你長大要買給我吃？」阿月討好的策略奏效了。長大之後回想那一幕，心中無限悲涼。

阿月在電影院的大銀幕裏看見英雄走過，千金小姐走過，哭笑不得的小丑走過，還有更多面孔模糊的販夫走卒走過。小學畢業後，她留在家裏幫忙，成天洗衣打掃、買菜煮飯、種菜及餵雞等。在一成不變的日子裏，只有電影裏的流動人生帶給她莫大的樂趣。

我都沒有朋友，養母不讓同學來找我，也不能參加同學會。我的童年真的很孤單，不像一般孩子很快樂，可以有朋友一起出去玩。鄰居小孩在外面玩捉迷藏、踢鐵罐子，我只能在窗臺邊看著。他們笑，我也跟著笑。我們穿的衣服都是粗布漿過的，養母交代不准弄髒，所以我也不敢出去玩，這樣衣服才不會脫漿。過年穿新衣，幾天後脫下來就不准再穿，隔年也穿不下了。

我只有買菜才出門，其餘時間就煮飯、種菜和打掃。我把家裏的廁所都刷得白鑠鑠地，鍋蓋也要用紙或布墊著，不讓它沾黑。每回衛生所的清潔比賽，我家都得甲上。

我很會做事。從小到大就是一直做，我不嫌辛苦，也不會不情願。

阿月的生活沒有新鮮事，她曾大膽幻想自己的生活，甚至夢想成為演員，或許這樣才能脫離現實生活的角色吧？雖然在養母面前是一付乖乖牌，骨子裏卻隱隱流動著拓荒者冒險犯難的血液；然而，她還沒有找到自己的舞臺。

佛前卸下憂傷

讓阿月送養是生父的決定，而生父去世，在她的成長歷程劃下第二道傷痕。她沒有見到生父最後一面，卻看見自己「身不由己」的悲哀。

十四歲那年，生父去世，阿月的憂傷無人可說也無藥能解。隔年，她因久咳不癒，養母吩咐她跟著鄰居的太太到東淨寺拜拜。在寺院大殿，她終於解開糾結，人生開始有了新的目標！

身為養女，內心很空虛、痛苦，一直受到束縛，不自由也很辛酸。生父往生時才四十二歲。他年少學過武術，身體一向健壯，開墾蘇花公路拿著鋤頭都是打頭陣的，結果癆傷，那時也沒有藥可治。

最後一次見到他，已經病得很嚴重，要我陪他搭車回新城的家。那天，他騎腳踏車到車站搭車到市區來，車子寄放在朋友家。等看完病要回去時，腳腫脹得厲害而無法騎車，只好讓朋友的女婿載他回家。

我下了客運車之後，走路回生家。一進門，看見阿嬤端了臉盆水幫阿爸洗腳，母子都哭了！阿嬤知道這個兒子大概沒辦法醫了。

沒幾天接到通知：生父過世了！當時交通不是很方便，養父在瑞穗工作，養母叫我坐火車去通知他。我們回到花蓮，傍晚五點最後一班往新城的客運，擠得滿滿的上不去。我一直哭，可是也沒辦法，養父趕緊騎著腳踏車趕去新城，隔天我才坐車回去。回到家，看見外面地上有抬棺的杉木和草鞋，阿爸出殯了！我沒有看到他最後一面，等於沒有送他。

「為什麼這麼快？為什麼不能等我回來？」在養母面前，我不敢喊「阿爸」。最後一次看到阿爸，他還特別交代我：「要乖、要聽養母的話，這樣才不會挨打。」

「養這女兒沒有用，老父死了也不會叫！」直到聽見阿嬤說的話，我才放聲大哭。

生父往生，我生母才三十六歲，拖著一群孩子還要種田。大姊十七歲，會幫媽媽做事，三個弟弟分別才十歲、七歲、三歲。大弟那時不懂事，穿著孝服還跟人家玩陀螺。我覺得生母很可憐，很想留下來幫忙，但是沒辦法。

養母不常回娘家，過年也不一定回去；常常思念生家的我，感情只能壓抑在心。生父去世「滿七」和「對年」（即忌日），我都有回家；每次要離開時就很煎熬。等到生父的牌位要和祖先合爐的那天，我回到生家發現田裏一整片大豆都被雜草覆蓋，我跟大弟兩人徒手除草，拚命做了一個上午，好讓媽媽可以輕鬆。

原本我早上就該回養家，中午十二點多，生母騎著腳踏車來田裏催促我們回去吃飯，叔叔也要我趕快回市區，太晚回去會被養母罵。每次要回養家，我就在那裏「頓足」（躊躇），不想離開。那天邊走邊哭，下午坐車回到家，果真被養母罵，我只能默默流淚。

第一次跨進東淨寺大殿，十五歲的阿月被三尊大佛的容顏震攝，「我的心好像空掉了！」日後，他形容當時忘卻身在何處，告訴自己：「我以後一定要出家！我老後一定要呷菜！」

從此，阿月的心裏住著一座寺院，這是她將來的歸處，也是個祕密。

抉擇的雙岔路

十五歲立志出家，阿月從來沒有想過要偷偷存錢離家出走，她既認分又孝順。養父從臺北的寺院帶回一些佛書，阿月對於佛書中闡示「因緣果報」的道理相當信服，也嚮往《阿彌陀經》經文中勸勉人們一心念佛，臨終時往生西方極樂世界清淨佛國，精進修行，永不退轉。

十七歲開始，有人上門來說媒。阿月的個子嬌小，養母也捨不得讓她那麼早出嫁，緣分一等，真正有譜的是二十四歲那年，對象是臺東的堂姊介紹的。為了相親，養母還編了藉口騙阿月到臺東。雙方會面後，養母還算滿意，便等著晚上讓兒子黃坤山寫信回覆給介紹人。

過去的每一樁相親，大抵見面後都會到廟裏抽籤，不是下下籤，就是中等；可這一次，養母不再提抽籤的事，也不管阿月的意願。「反正，不成也要讓你成！」養母朝阿月撂下這句話，轉身進房午睡。

身為養女，阿月能有什麼想法呢？她從來不敢對養母大聲說話，連撒嬌也不敢。只是沒想到，養母在那個午后從一場白日夢醒來，想法一百八十度轉變。

「我做了一個夢！」她非常生氣地說夢見家裏突然請客，她剛從臺北回來甫進家門，卻不知道眼前這四、五桌的宴席，究竟在慶祝什麼？

「誰這麼大膽竟然乘我不在，在我家裏請客！」養母臉上一付絕不放過對方的樣子。

「當中有人很清楚地跟我講，是某人的第二個弟弟想要霸占我們家的財產！」養母指向那個才和阿月相過親的男人。沒錯，他是那一家的次男。

養母這次大概急於促成婚事而沒去抽籤，沒想到做了噩夢，夢境和現實恰巧吻合。無論對方是否真的貪圖他們家的錢財，總之，養母將這白日夢當作一個預警。

到了二十五歲，養母再度逼她相親，「你媽媽怪我是不是要把你養在家裏做查某嫺（婢女），不讓你嫁！」聽見養母這麼說，「阿母，我們的生活很穩定，家裏有三甲多的土地，也有很多間房子，又不是要馬上找到一個女婿來幫忙家庭生活。好就好、壞就壞，請神容易送神難，如果遇到不好的，怎麼辦呢？」阿月提出緩兵之計，養母認為言之有理，暫時不再催婚。

阿月的養父服務於金融界，他的同事於生活艱難時，妻子與他同甘共苦；待事業有成，生活也穩定了，那個男人卻拋棄糟糠之妻移情別戀。妻子心灰意冷之下遁入空門，將幾個孩子都留給了丈夫。

阿月聽養父母說到這件事，她感到男女情愛變化無常，即使婚姻也是經過慎重的考慮和正式的儀式，又能保證什麼？她同情那位太太的遭遇；然而飽嘗辛酸的女人就算去出家，心裏真的能得到平靜嗎？

還有一位鄰居太太身懷六甲，先生不高興便打她出氣，打累了，太太還得去煮飯，家暴次數是三餐加上消夜。這些婚姻中的現象都讓阿月像是打了預防針，不願輕易將一生幸福交給他人。

衝突瞬間引爆

每次聽見阿月說：「我不要嫁人，我要出家！」養母都以為她在開玩笑。阿月是計畫等到弟弟成家後，養母有兒子和媳婦孝養，她就要去出家。可是她若出家，養父的香火也斷了！

二十八歲這年，病中的養父到臺北就醫，阿月萌生收個養女的想法，養母同意，只是這對母女各有盤算。養母心想，反正阿月若不出嫁也可以招贅，收了養女也是繼承她養父的姓。

這年，阿月中意七歲的張丹桂，隔年正式收養。有丹桂傳承阿公的姓，阿月也算無愧於呂家祖先，兩全其美；而且丹桂聰明伶俐，養母有這女孩作伴，就當作是代替自己盡孝吧！

二十九歲這年，養母還是替阿月物色對象，對方是名木匠，一技之長足以養活妻小，對方的雙親已過世，家中人口簡單。養母還抽得上上籤，因此極力促成。

「那個男的坐在客廳，長得黑黑、高高的，我也沒有看清楚。」阿月意興闌珊，本打算敷衍，沒想到養母一再逼她非答應不可。連續幾天在耳邊叨念，簡直是疲勞轟炸。

十五歲就抱定出家的念頭，一轉眼年近三十了，她花了一半的時間在準備出家，可這些年來，阿月總擔心母女衝突的事情好像明天就會發生一樣。她雖已成年，人生大事恐怕還由不得自己，只是她沒想到事情發生得那麼突然……

我沒有答應婚事，所以養母不高興；不論什麼事情都莫名奇妙地罵，我也不敢跟媽媽吵架。某天，一大早我在洗衣服，她起床心情不好就碎碎念。我說，如果沒事一直罵，會發生很不好的事情。她一氣之下，衝出房門打我、扯我的頭髮，我哭得滿臉跑出去。

阿月奪門而出，她急急跑向大街，顧不得頭髮散亂，奔跑時腳下的木屐也掉了！前一刻還在家裏洗著衣服的她，上衣浸溼大半、滿臉淚痕。赤足站在這條走了二十多年的老路，一時之間不知該往何處去。

聽見背後傳來急急的腳步聲，以為是養母追來，「媽—媽—」是養女丹桂。

「不要跟來，你趕快回去！」阿月見丹桂不想放棄，故意大聲嚇阻：「若再跟來，我就打你喔！」

人間消失七日

小學畢業後，阿月一直留在家裏幫忙，不曾外出工作，幾乎沒有朋友的她，離家出走既沒有預謀也沒有人接應，毫無目標更身無分文。

呂阿月在人間消失七日。

生家的姊姊住在美崙，姊夫就在市區工作，我去向他借了五十元，說要

去王母廟那裏。我的頭髮散亂又哭得滿臉，衣服被拉扯，也沒穿鞋。姊夫是個老實人，不知我發生什麼事，正眼都不敢看我，也從來沒告訴其他人我到那裏借過錢。

比起佛陀悉達多太子和證嚴法師的悄悄出走，阿月走得很狼狽。養母料想她什麼都沒帶，也沒地方可去，到了晚上就會自己回來吧？阿月拿了五十元，先去買雙拖鞋，接著買了一張車票搭車前往太魯閣的長春祠。

我經常去王母廟，在那裏認識「阿青仔姑」，之後她出家了（法號「心性」）。我很羨慕地跟他說：「你能出家真好，不知道我也有可能嗎？我若出家，要去臺南念佛學院。」他說等禪光寺蓋好，將來也要辦佛學院，我可以去那裏。離家後我想到他，就有個目標了。

心性法師還在籌建禪光寺（註三），經常四處化緣，阿月不曾到過他那裏。早上九點多的車到長春橋下車，我不知道禪光寺在哪裏，就問人家怎麼走。過了一座橋，法師住的是竹子做的房屋，門鎖了起來，法師正好不在。

王母廟有個誦經團，之前聽他們說阿青仔姑有時會去山上採草藥，若去採藥草當天會回來；若到市區化緣就不會當天回來。

我猜想他去拔草藥，所以就等等看。過了下午四點多，人還沒回來，心想怎麼辦？就去後門看看。

貼著廚房的門，邊想著怎麼辦，竟發現門沒有鎖。好像有護法在安排，否則那天可能要流浪他處了。

一整天沒吃什麼，我打開櫥櫃一看有幾塊菜脯，甕裏還有一點米，屋內也有柴，就用小鍋煮點粥吃。傍晚五、六點，天色轉暗，我將後門鎖上，從廚房走到前面大廳，那裏有三尊佛像可以為我壯膽。夜晚，山間溪水嘩啦嘩啦，我在大廳看課誦本，十點多了法師還沒回來，我就睡著了。

獨自度過了一晚，隔天星期天，早上八點多，王母廟課誦團的三、四個孩子來長春橋玩，他們以為裏面沒有人。

「阿青仔姑去花蓮化緣，十幾天才會回來，他就是住在這裏。」聽見有個人這樣說，我心想：十天才回來，我該怎麼辦？他們準備離開時，我趕緊開門。

「是你喔！你生母騎著腳踏車一直找你。」他們很驚訝地說。

生母擔心養母打我，不知道我會不會想不開，去王母廟找了三、四趟。我請他們別透露我在這裏，回去轉告阿青仔姑盡快回來。等他們下山，我又把門關上。

我待了兩晚，沒電燈，點著蠟燭，溪水轟隆隆又有猴子和鳥叫聲，還好有佛像，讓心能安定些。

第三天早上，住在附近的小姑姑帶了幾位親戚來找我，幸好我躲起來沒被發現。到了晚上，阿青仔姑十點多回來，我說明想出家的決心，但他要我考慮清楚。隔天看他在縫補衣服，旁邊有把剪刀，心想他已是受戒的法師，便請他為我剃髮，可是他說：「你媽媽沒有同意，我不敢幫你剃頭。」

我拿起剪刀走到後面將頭髮剪掉，阿青仔姑見我剪得凌凌亂亂，只好拿剃刀幫我剃頭，又拿衣服給我穿，賜予法名「見如」。他也算是我的剃度師。因為未經母親同意，所以他不敢收我為徒。

第四天，現了出家相，白天我不敢待在阿青仔姑那裏，怕被人發現。我去山上的寺院學誦經和唱誦，晚上再回來。誦經團的人又來了，告知生家和養家的人一直在找我，「你的養母登了報紙，你最好能出面說明。」

第五天，我寫了一封信給養母表明已經出家，決心皈依佛門修行，請他們不要找我了。為了不讓家人知道我還在花蓮，我託人把信拿到宜蘭寄。

離家七天，回去的那天早上，養母正好收到我的信，她召集親戚準備到宜蘭的寺廟打聽我的消息。

決心不做阿月

下午四點多回到家，家裏有很多人來開會。我在路途中遇見生母，她騎著腳踏車正到處找我，剛好要去我養家。在城隍廟附近一見到我——「啊，你真的已經——」生母看傻了也哭了，我要她別哭。她騎上車先回我養家通報。我心想回到家，養母一定會生氣打我。

生母過去責怪小姑這個養母不早替自己的女兒婚事打算，這時女兒卻不顧養母的反對偷偷去出家，為母的心裏反而感到對不住。

「阿月仔返來啊！」「伊已經出家了！」我的養母聽見生母的聲音，剛走到大門邊，我跨過門檻立刻跪下來。

「阿母，沒有你的同意，是我的錯，請你原諒我。我就是想出家，想去臺南竹溪寺念書。」養母臉色發白，好像快暈倒，看我真的剃頭圓頂了，她傷心地一直哭，沒有生氣打我。

我離家出走，不知道家人會這麼心急到處找我。後來生母告訴我，他們每天晚上都跑去花蓮溪，還有美崙兵營旁的一條小溪，去聽看看有沒有女孩子在那裏哭，深怕我會跳下去。

稍晚養母心情較穩定了，我又提要去念佛學院，她說若我要去讀書就先拿刀子把她捅死了再去。我沒有回應，那晚都待在房間裏。

返家第一個星期，養母都用軟的，她提到我養父往生不到一年，她的煩惱還沒過去，我卻要去出家；這會讓她被別人說是不疼女兒。她要我將頭髮留長，等養父「做三年」（過世後第二十五個月），她會拿出二十萬並親自帶我去寺院出家。一般帶錢到寺廟出家比較不必做事。

養母逼婚時，阿月用過緩兵之計，但是雙方都不願妥協，衝突終究到來。這時，養母也有緩兵之計，只是阿月不再蓄髮。圓頂出家就是要學佛，並不是換個地方輕鬆住下什麼都不做。

「我要去念佛學院，以後要弘法利生。」他表明志向。

那時，弟弟還沒有退伍，我可以在家陪她到弟弟退伍回來娶媳婦，但絕不能再把頭髮留長，這是佛教的形象，不能玩笑。

「跟你住到八個月後媳婦入門，這也是我的責任。」我說。

但是養母也很強勢，最初一個禮拜用軟的，之後看我沒有改變主意，就開始罵我。我的頭髮經過半個月變長了，在家裏想剃也不敢，養母又一直生氣，我只好再逃家。

在家第三週，阿月明白不能再久留，某日藉故到王母娘娘廟，託人到了晚上才將她的腳踏車送回家。再次出走，呂阿月不想再做呂阿月。

忍辱行腳化緣

不出所料，家人又到阿青仔姑那裏找人。雖然沒有皈依心性法師，呂阿月就以「見如」這個法號跟隨法師的弟子見虛到全省化緣。

出去化緣主要是不讓養母找到。我們走路化緣，從羅東、宜蘭都走海邊，沙子很燙，撐著雨傘也很熱，挨家挨戶拿相片給人家看，歡迎隨喜功德。為禪光寺化緣募款是出家的體驗，一路居無定所，真的很辛苦。這不是我出家的本意，我並不喜歡化緣。

見虛法師沒有選擇在人多的城市化緣，他不搭車，都是走路；從海邊往北經蘇澳、龜山，再經猴硐、瑞芳、四腳亭，那些礦工人家都很虔誠、善良，見出家人出來化緣，會招呼我們晚上住下來。

夏天一直走路也很少喝水，有時買不到東西吃，到了中午或晚上，隨順緣分有人請我們到家裏用齋，或到麵攤買個便飯簡單用，有時甚至沒有吃。

見虛法師很堪得走路和過飢，但我不能過飢，一到中午就想找些食物，至少歇息一下。

我從小就直心，能出家就很高興了，既然跟隨化緣，只希望努力多募到一些錢。我們每十天或半個月就將化緣的善款寄回去。

有人認為出家人是懶惰、蛀米蟲，欲吃不肯動，不知道出家也有很多磨難。化緣時也有人罵三字經，我們就默默離開，不多解釋。別人用什麼眼光看待，我都不以為意。我是鄉下人，正直不跟人計較，也不跟人家爭辯。

走到高雄時，我在一所寺院寫信給養母，弟弟在南部當兵得知消息，也來苦勸我回家。料想養母已知我的決定，應該不會再強留我，所以過年前我就回家了。

從東到北、由南再回到花蓮，出來了半年，翹家回去已經三十歲。過年期間到禪光寺幫忙了幾天，心性法師很希望我能留下當常住，但也知道我得回家去。

住在家裏，想到出家了不能連課誦都不會，我就到王母廟去學。在那裏聽說有位法師在慈善院講經，講得很好，我就去聽經。

原來一切是緣

打從十五歲開始，阿月就愛看出家人——剪去三千煩惱絲，芒鞋輕履，一襲寬大的灰色布袍好像抖落紅塵，出家人就是不凡！令她十分嚮往。

自那時起，只要在路上看見出家人，她從法師的頭頂看到腳尖，「我也想要穿上那樣的衣服和鞋子。」若是大人給她一點零用錢，看見出家人在化緣，她也會上前結緣。

一九六二年年底，二十五歲的證嚴法師甫在許聰敏老居士家自行剃度。他皈依許老居士，法號修參。一路陪同尋找真理的修道法師見修參師褪去「王錦雲」、「靜思」的名字，終於現大丈夫相，他放心地準備回到所駐錫的豐原慈雲寺。

修道法師離開花蓮那天，阿月也來到花蓮車站。她坐上公路局客運準備到臺北探望住院中的養父。在等待發車時，她看見兩位出家人和一位男士朝車站走來。

她看清楚那是許聰敏老居士，花蓮佛教界頗受敬重的長者，經常穿著中山裝，一付仙風道骨的樣子。雖然不認識那兩位比丘尼，她還是隔著車窗仔細打量。

「出家人真媠！」阿月沒有太多的語彙，只能以最通俗的字眼來形容所見。兩位比丘尼儀態端正，較年長的那位皮膚白皙，年輕法師則膚色黝黑且削瘦。

他們一行並沒有乘坐阿月這班車，當南下的客運開走，許老居士和黑瘦的比丘尼留在原地。「原來他們是來送行。」

車站川流的人潮訴說著人生的分分合合，殊不知兩年後的初春，她到慈善院聽經，再度遇見那位「瘦瘦、黑黑的出家人」。

「可惜那時沒有神通！出家前已經見過，只是不知道他就是我以後的師父！」後來的德慈笑說，一九六四年佛誕日在慈善院皈依，兩天後，師父到基隆海會寺結夏安居。八月弟弟成家了，他和同樣皈依的幾位女孩殷盼著師父解夏歸來，也希望師徒能找到地方共住，展開修行的生活。

（註一）即今位在花蓮吉安鄉的「勝安宮」，主祀天上王母娘娘，亦尊稱瑤池金母娘娘。

（註二）《靜思僧團體現大愛精神之探討》，釋德楠著，慈濟大學宗教與人文研究所碩士論文，頁二十五，二〇二〇年一月。

（註三）禪光寺經心性法師六年苦心經營，奔走勸募，於一九六六年二月落成。之後，成立禪光育幼院，並開辦義診巡迴服務，協助孤貧病者就醫。

養女丹桂

一九六三年，花蓮市街。

「賣醬菜——賣醬菜喔！」大清早，丹桂正在掃地，聽見巷口傳來熟悉的叫賣聲。她放下掃帚，帶著阿嬤交給她的銅板快步走去。一鍋稀飯配上幾樣美味的醬菜，而不是黑黑難以下嚥的番薯簽飯，這成為她日後難以忘懷的幸福滋味！

一九五六年，張丹桂出生在花蓮吉安鄉，父親在林務局工作，靠著一份微薄的薪水要養活五個孩子，勉強維生。家中餐桌經常是一鍋地瓜簽稀飯，所有的孩子都認分地跟著父母乖乖吃飯，只有丹桂垮著臉寧可餓肚子，做父母的感到莫可奈何，只好將她出養。

丹桂活潑可愛又聰明外向，養母呂阿月二十八歲、未婚，見到丹桂的第一眼就很喜歡。丹桂本來稱呼她「阿姨」，後來叫她「媽媽」，養家阿嬤挺有威嚴也重視規矩，舅舅尚未成家正在當兵，養家的阿公生病在臺北住院。

來到新家的第二天，丹桂隨阿嬤和阿母搭乘飛機到臺北探病。第一次搭飛機，小女孩既好奇又興奮！在養家不但吃得豐盛，搭上飛機感覺自己好像沖上了天！在臺北，除了陪伴阿公，接連幾天都跟著大人吃喝玩樂，她小小心靈溢滿幸福，甫離開父母的空虛也被填滿。

看著小女孩一點也不生分，感覺頗能適應環境。阿嬤在臺北幫她買了漂亮的新書包，又說等回到花蓮再去裁縫師那裏訂做制服和新衣裳。

丹桂從養母姓呂，看似美好的生活正在展開，唯一的小錯愕是從臺北回來的第二天，阿嬤開始教她「規矩」並且分配家務。首先是每天早上起床要掃地。

她在生家排行中間，這些家事還輪不到她做，如今成為這個家中唯一的孩子，有些事確實是她足以勝任了。養家的房子大，丹桂除了把地板打掃乾淨，還必須燒茶水；住家後院空地用來種菜和飼養雞鴨，阿嬤要她每天採鵝仔菜（劍葉萵苣）回來剁給雞鴨吃。

也就在這一天，丹桂開始想家……生家在吉安，對一個才上小學的女孩來說，一望無際的田野看起來每條田埂都一樣，丹桂不知道回家的路，也沒有認識的人可以幫她。就算知道路，當時交通不便，回家依然遙遠。

「媽，我想弟弟，想要回家！」丹桂年紀小，卻忍住不說她想念父母，畢竟才剛有了新的阿母。

「弟弟有爸爸、媽媽和哥哥、姊姊照顧，你不用煩惱，也不必想他。」聽見養母的回答，丹桂乖乖住下，每天早上認分地做家事，可是白天一走出家門上學，便生起逃回生家的念頭。

丹桂想重回父母的懷抱，卻不識回家的路，一時之間，內心如秋霧罩野，一片茫然。生活如常，但原本活潑外向的小女孩卻變得憂鬱而沈默了。

「事實上在養家的生活不錯，不愁吃穿，只是沒有人可以陪我玩。」丹桂成為養家唯一的孩童，沒有手足為伴，而且養家的大門長年緊閉，阿嬤規定她不能和鄰居小朋友玩。

「門外那些都是野孩子，缺乏教養。」阿嬤灌輸她這樣的觀念。

家中大門只在過年那幾天因為拜拜才會開啟，鄰居小孩好奇地站在他們家門外探頭探腦，阿嬤見狀，就走到門口發出「ㄘㄘ」的聲音，將那些孩子都趕走。

阿嬤的身上帶著有錢人的傲氣，將屬於孩童的歡笑阻絕在門外；而丹桂愈是孤單愈嚮往門外的世界。她時常站在客廳落地窗前，看著僅一扇門窗之隔的那些孩子，玩得多麼開心！往往看得自己禁不住笑了出來。

那一道門無法阻絕內心的渴望，她羨慕鄰居孩童的生活，也更加懷念以前的日子。在鄉下，孩子們很自然地玩開來；來到市區，同學雖多，她反而失去了玩伴。

漸漸長大的丹桂，後來才知道她的養母也是度過了沒有遊戲、沒有同伴的童年；她們都是養女，同樣地寂寞。在這個家中，阿嬤訂下所有生活規則，阿公則是沒有聲音的，而且隔年就去世了。

在阿公走後，阿嬤的注意力轉到尚未出嫁的女兒身上。「挑挑看，有沒有你中意的？」丹桂看著阿嬤拿著一疊相片交給她的養母，但見養母意興闌珊，阿嬤的臉色陰沈。母女之間的這一股懊惱，逐漸發酵升溫……

莫非「菜姑命」

遇見師父那時，三妹已經在寺院裏帶髮修行。自小就與齋堂有緣，本以為師徒相見恨晚，沒想到一切來得剛剛好。她不做齋姑，而是要成為真正的比丘尼。

清晨兩、三點，鍾三妹差不多醒來了。自從證嚴法師到慈善院講經，每天的這個時候，她都會看見這位年輕的法師從後面的木板房推門進來。

「師父每天還沒打板就去禮佛，相當精進。」在寺院帶髮修行的鍾三妹，景仰法師年少精進、自律，也覺得他很慈悲，經常暗地欣賞他那出眾的儀表，只是不敢貿然打擾。

鍾三妹經歷過婚姻，二十出頭帶著甫十個月大的女兒田琦瑛來到慈善院

釋德昭（1935 年生），號紹旭
僧團總務。克己克儉、認分勤做，種田第一

帶髮修行。十多歲在土地公廟前被算命仙斷定「菜姑命」，她在紅塵轉了一圈，總算一心向佛、長伴青燈。

夢想成為呷菜人

德昭本名徐三妹，一九三五年出生在苗栗客家庄，幼時出養，養家姓鍾。

我好像是七個月早產兒，手很小，手腕也很細，大人都說養不活，很小就送給人家。養家也是苗栗客家人，養母很早去世，養父和阿嬤很疼我，上面還有一個姊姊和哥哥。

鍾三妹記不得是八歲或十歲跟隨養家遷居東部，落腳在花蓮玉里北邊一個叫做大禹的地方，全村都是客家人。課本裏的先賢大禹治水有功，然而居住此地，三妹的求學之路受困於一條溪水，無緣翻開小學課本。

小時候本來可以去讀書，但我家到學校會經過一條溪，有一座竹子搭的

橋，大水來時可能會被沖走，沒有橋就必須搭竹筏。阿嬤認為危險，所以就沒有去念小學。

一來祖母捨不得讓她涉險，二來缺少同齡學伴相互照應，三妹就此失學；而不識字成為她畢生的遺憾。

十多歲時，村莊有廟會，三妹見到堂哥和一群人圍聚一起，好奇地蹲下身子探看他們在做什麼。堂哥看見了就說：「算命仙，你幫這個女孩看看以後怎麼樣？」

「這個人——出家命、菜姑命！」算命仙揭曉三妹的生命密碼，周遭的人一陣訕笑，從此她被稱作「菜姑」。三妹不十分了解「菜姑」的意思，只感到有些氣惱。

玉里鎮上有幾座齋堂，三妹後來跟著鄰居婦女去拜拜。看見終年茹素的齋姑生活平靜單純，她歡喜地將零錢投入功德箱，留在那裏吃了一頓齋飯，對「呷菜人」很有好感。

她從小不喜葷腥，養父到中藥店抓藥請堂嫂為她進補，光是看到紅色的豬肉就害怕，最忌那些腥味。而從小被人「菜姑、菜姑」叫著，幾年後，三妹竟不知不覺想要離家去齋堂。

自細漢就真憨想，隔壁一位女生，她的媽媽往生了，我也只剩下爸爸。我們家裏養豬，我找她一起挑糞桶到田裏下肥，她的個子小又不會挑，扁擔掉下去，裝糞的缸就打破了。

我怕被大人罵，就跟她說：「如果大人罵我們，我們就跑去玉里的菜堂。」等爸爸回來，他說糞缸打破了沒關係。

三妹似乎將齋堂當作避風港，事實上她在養家十分受寵。德昭到老都還記得十多歲時，阿嬤臨終前昭告家人：「我最疼這個孫女，你們一定要疼她，絕對不可以打她。」某日，大姊發現三妹沒把交代的事情做好，作勢要打她。三妹趕緊跑進阿嬤的房間大喊：「阿嬤、阿嬤，阿姊欲打我！」大姊一聽，默默離開了房間。

出養、出嫁到出家

長大以後，聽說若不回去和生家相認就叫做「悖祖」。生母告訴我，徐家的家境不錯，但是阿公不喜歡女孩，二姊和我都送給別人。大姊雖然沒有送人，怨嘆在家做得要死；二姊歹命、嫁得不好。

我是養女，當時講好應該是有「對頭」（送做堆）的。哥哥喜歡賭博，我不喜歡他。

大姊嫁人以後，我十八、九歲時請求養父：「我不要給你做媳婦，也不要嫁人，我做工養你到老。」

長大以後的三妹沒有成為「菜姑」到齋堂吃齋念佛，她在二十歲嫁入花蓮吉安鄉的田姓人家。有時，她也會生氣養父將她嫁出去。

鍾家從山前搬過來，在大禹種植菸草，此外，三妹曾經隨著堂兄嫂到臺東池上開墾。三妹陪著堂嫂住在山上，很早就學會耕種。堂兄還僱請原住民種植蔬菜、番薯等旱作，客家人擅長「做山」，三妹種的作物相當肥碩，務農是她的強項。

我長得粗大又很會做事。種田是小時候學來的，堂哥說我「猴手猴腳」，做事很快。以前都有伴工，你幫我家做幾天，我也替你家做幾天。村裏的人都知道我會做事。看到人家稻子或菜園收成了，不會立刻栽種別的，我就借田股來種菜。反正土地有肥嘛，種東西一定要澆肥。

三妹克勤克儉、刻苦耐勞，才十幾歲就很能幹，難怪村莊裏有幾戶早早託人來說媒。養父也希望替她找個好婆家。

那個男人住在花蓮，空襲的時候疏開到玉里，那一家找人來說媒，隔了幾年來說媒的還是他。

婚後，三妹才知道丈夫和她一樣早就無意婚姻，反而都傾向修行。

先生人很好、很善良。本來不想結婚，他的爸爸不肯，押著他非娶不可。直到爸爸往生，他去西部出家，他的媽媽和兩個妹妹也去出家，就讓我

帶著十個月大的女兒來菜堂。

女兒出世不久，公公去世了，一夕之間，這個學佛家庭瞬間解體，一家遁入空門。夫家變賣家產分予所有家人，婆婆和一個小姑到東淨寺出家，另一位則選擇北部的道場。三妹在到慈善院安單之前，事先徵得住持師父的同意將孩子帶來。

結束婚姻到寺院修行那時，三妹回俗家探望養父。得知養女婚後的人生丕變，養父叮嚀她既然要修行，「這條路就要走乎透，不要走到一半又還俗。」

二十歲結婚，二十二歲抱著幼女到慈善院帶髮修行，三妹真的成為菜姑。她答應父親堅持修行之路；而後，丈夫基於健康因素回到花蓮，在鳳林另置田產蓋了道場，將在東淨寺出家的母親和妹妹一起接來修行。

某日，三妹聽見寺院的同修知會她，說是女兒的爸爸在牆外徘徊。三妹料得他的用意，認為夫婦既然各自出家，不宜共住修行。她沒有出去見他。

盡心盡力為修行

三妹白天忙著耕種和煮飯，她務農一個人可以抵上四個人。六十多歲的住持也很照顧她，在她忙碌的時候，還會幫她看顧女兒。

在慈善院，人少又要兼顧生活，比在家裏做的事情更多。我雖然沒念書，可是頭腦還不錯。我種花，夜來香一次種三、四股，加上番薯葉也種一大片，附近的人都會來買。

人家要供佛，在寺院做香燈的人也會來買花；番薯葉快收成時，我沒有時間去收割，就租給別人去採收。

一九六五年五月，三妹帶髮修行近八年，將滿三十歲皈依妙賢長老尼剃度圓頂，法號達慧。

做個出家人，不能什麼都不懂。不識字真的很辛苦。慈善院當家師英姑娘的妹妹鳳姑娘教我念課誦本，我背得滿快的；早上煮飯時把經本放在

灶臺上，鳳姑娘進來幫忙燒柴、洗鍋子就會順便教我。

慈善院的走廊兩側每到晚間總會坐滿人，大家喜歡在那裏聊天。達慧不太與人聊天，反而經常利用時間拜佛。

在慈善院出家，寺裏要辦法會，有信徒或其家人往生了，都要去誦經。我沒有學維那，我的聲音很大卻不太穩，一邊敲木魚也念不好。我沒有想過修行應該要如何，只知道要認真拜佛。

無法從佛經增益修行的知見，達慧聽說喝大悲水很好。雖然還不太會背《大悲咒》，他在佛桌供上清水，誦幾遍經咒便倒出一些來，和女兒一起喝下，暗自祈求平安。

「我以前也很執著。」回顧年輕時置身佛門卻依然只為一己的小愛，他這樣笑過自己。不過，他確實很認真學習誦經，一個字一個字強記。若有人指著經文考他任何一個字，他往往得從頭讀起，對照了才知道讀音。

我念經書都是一個字一個字慢慢凸。一句句學，有空就跑到後面樹下一

直背一直背。

一天，常住眾正在大殿誦經，達慧獨自在大寮煮飯，一位女眾走進來詢問：「請問這裏有沒有在誦《北斗經》？」

《地藏經》、《楞嚴經》、《阿彌陀經》等，他是知道的，《北斗經》倒沒聽說過，「佛教好像沒有誦這部經，可能是道教的經典，不如你再去媽祖廟問問看吧？」達慧回答時，住持師父看見了這一幕。

「人家來了，我不會度人。」住持師父本來怪我，連續幾天不高興也不理我。之後我向師父解釋，那位居士是來寺院請師父替他們誦這部經，他的氣才消了。

因為不識字，達慧學習誦經和梵唄都相當吃力，遑論度眾。在道場，他將大部分時間投入勞動，寺院當時擁有五、六分土地，他與四位常住一同耕種，同時也在大寮煮飯。

本來有四個人，最後他們都走了，剩下我一個。當家師擔心我太忙，就

請人來煮飯。當時我堅持不必請人，後來一位歐巴桑來煮飯，我也會去幫忙。

用心在常住付出，是達慧的精進。儘管帶著女兒來安單時，婆家分給她首飾和不少變賣田產的錢，當時的寺院只要提供安單費用，也可以不必輪執事；由此可見達慧是一心想要修行。

本來是帶髮修行，心想若是我出家，婆婆也會比較放心。

道別竟然是留下

一九六三年初冬，證嚴法師來到慈善院講經，年紀輕輕，講經頭頭是道。帶髮修行的三妹也想追隨這樣的師父，可是他不能讓住持師父誤會這位法師搶走他的徒弟。在證嚴法師結束七個月的講經，離開慈善院的那一天，三妹站在樹籬邊，一直望著法師的身影消失在淚水中。

沒想到兩年後，離去的身影換作他。出家後，他準備去受戒，由於不識字，費心地一再打聽有沒有識字的同伴可以相互照應，豈料住持師父不同意他去受戒。

他已經圓頂，受戒才是真正的比丘尼（註），而不是齋姑。帶著此去便不再回頭的決心，達慧告別了對他有恩的長老尼。

動身到臺北受戒的前夕，花蓮和北部有幾所寺院來信，希望達慧去常住。

我不識字，哪敢去念佛學院？曾待過一所寺院，心想去幫忙做事就好，後來住了一陣子不習慣就離開了。

慈善院在市區，外頭熱鬧不會吵到寺裏，寺內不是很多人，也不會太靜。花蓮的寺院來信中，也有禪光寺。在那山上待一整晚，不知聽見那是什麼聲音，我嚇得——隔天，天一亮就趕快走了！

那裏晚上只有兩三人而已，我真怕。（德）慈師父以前離家去禪光寺，那時心性師父還住在茅屋，而我去的時候人很少，但已經建設得不錯，

也有燈了。慈師父膽子真大！

達慧最後來到普明寺向證嚴法師師徒辭行，法師勸他還是回去慈善院。得知去意已堅，又見他健康情形不佳，只好婉勸不如留在普明寺共住，等身體養好了再說。

那時我一直胃痛，不知道原因，吃不下又很瘦，很嚴重。慈師父知道我很會做事，也想留我下來。

「請你留下來幫我們做事情，好不好？」紹惟（德慈）誠心邀請達慧。

彼時，證嚴法師甫創辦克難慈濟功德會一個月，師徒耕種自食其力，同時兼做手工。靠著編織毛衣、做嬰兒鞋等收入，維持生活並當作濟貧基金。法師身邊只有出家的弟子紹惟，以及帶髮修行的紹雯、紹恩，非常需要人手幫忙。

我這人閒不住，只想去付出。在路上看到人家走路不穩就想去助人，看人家在做事也很想幫忙。

我一直想跟隨師父（證嚴法師），但又不敢；師父曾經待過慈善院，如果我來普明寺，那邊的人會不會怪罪師父？當時不敢請他當我的師父，我一直說要去臺北，德慈說：「不要啦，一起留在這裏做事。」我說，師父如果給我法名，也就是讓我皈依，我才能住下來。當天，師父賜我法名「紹旭」，就很高興安心住下來。

鍾三妹出嫁，是養家父親為她做的決定；出家修行，是夫家做的決定；來到普明寺跟隨證嚴法師修行，是他自己做的決定。

一九六六年六月，達慧成為證嚴法師的第二位出家弟子，法號德昭。同年十一月與大師兄德慈一起去受戒，如願以償地成為真正的出家人。

趕上證嚴法師草創慈濟功德會初期，德昭以一身的硬底子躋身第一代弟子，師徒吃苦過日子。猶記得離開慈善院時，他站在住持師父寮房門外大聲感嘆：「有緣才能做師徒！」

他用這句話接受一段因緣的結束，同時開啟了另一段；在慈善院與證嚴法師那一別，不是錯過，而是更靠近！

（註）比丘尼：女子出家受具足戒者的通稱。又作苾芻尼。出家之男女，年滿二十，男受二百五十戒，女受三百四十八戒，謂受「具足戒」，得稱比丘、比丘尼。

傘下訂終身

秀蓮沒打算出家，但自從那個雨天為師父撐傘，聆聽訴說未來的志向，她就沒再放掉手中的那把傘……

「你那麼多女兒，就讓這個來出家！」慈善院的法師們你一言、我一語朝劉秀蓮打量。二十二歲的她望向母親吳志妹，讀不出心意，卻十分明白自己的想法。

母親篤信佛法，也是慈善院的信徒，雖然在鳳林鄉下種田，只要這裏有法會，她都會特地搭車前來。四個女兒居住在花蓮市區，年紀最小的秀蓮小學畢業後就來投靠姊姊，白天在大姊的百貨店幫忙，晚上住在二姊家。

聽說慈善院來了一位法師在講經，大姊吩咐秀蓮接送母親往返寺院聽經。

釋德融（1942 年生），號紹雯
侍者兼國際賑災事務。自律嚴謹、老成持重，編織第一

吳志妹希望女兒也能聽聞佛法，既然都來到門口，便邀她一起進來。

「女人在婚姻中是很辛苦的。」母親這樣告訴秀蓮，也一直希望能有個女兒出家。由於此時秀蓮還沒有出家的念頭，來自慈善院法師們的目光讓她倍感壓力，那次之後，她只送母親到門口，等聽經結束再來接她。

循規蹈矩好家教

劉秀蓮，一九四二年出生在鳳林農家，手足眾多，在家排行第八。小學畢業後，她打點衣物離開父母展開新生活，儘管心中布滿離愁卻不敢在父母面前表露。

媽媽拎著包袱送我到車站，我乖乖地上車，在媽媽面前不敢流淚；火車一啟動，我就控制不了，路上一直哭。

「為什麼丟下我一個人離開？為什麼遺棄我？我才不要離家、不要離開父母……」

十三歲的女孩任由分離的撕痛擰絞著，因為之前的忍耐，等到母親的身影消失在車窗，便抑不住淚水直流。

「孩子，你怎麼了？」秀蓮無視於身旁乘客的關切，將自己沈入孤單無助的痛苦。

我們家種田，從小就要幫忙做事。我念小學，早上要坐小火車到林田山，先把家裏採收的苦瓜送去交給菜販再回來上學。父母認為農家生活很辛苦，我十幾歲就被送出來，內心感覺好像被遺棄。其實是長輩太疼我們，為了孩子的將來著想；哥哥、姊姊也很疼我們，我們幾個小的在家不曾辛苦過。

自小，家裏用餐都是等到工作的人回來了才一起開動；若有客人來，家父和家母教我們，要端個臉盆讓客人洗手、臉，擦淨手後再奉茶。如果沒做到這些，等客人走後，就會被長輩指正：「一點禮貌都沒有！」

鄉下人，三餐有得吃就好。若是爸爸或哥哥生病了，媽媽會教我們去買碗麵回來，把麵端進房間就要立刻離開，不能站在那邊看，否則長輩疼我們，會要我們一起吃。

小時候放學回家肚子餓，有時媽媽做草仔粿，我們都喜歡挑漂亮的來吃，媽媽教我們拿哪一個都一樣，而且漂亮的要留著送給別人。大灶常煮著豬菜，裏面有小番薯，家裏也種花生，有時會煮花生或綠豆湯，每個人回來都會有一碗吃。

孝心結下師徒緣

母親是地方上眾所周知的善女人，只要有出家人到村莊化緣，村民無不指向同一個方向。劉家常有法師登門造訪與化緣，外地來的法師也常借住。

秀蓮記得小時候還在睡夢中，便聽見法師早課誦經。出社會以後，偶有法師進來大姊的店裏化緣，她才了解出家人隨處化緣很辛苦。

在大姊的店裏不知工作了幾年，一次，市區大火燒毀多家店面，他們也受到波及，損失慘重。大姊本想結束營業，由於上游廠商的信任，鼓勵他們繼續做，秀蓮乘此時期學織毛線，後來利用店面二樓以機器編織做代工。

「教編織的老師手邊有很多工作給我們做，我們鄉下孩子很老實，也不計較工錢。」秀蓮沒想到當時學會的技藝，竟成為日後修行自力生活的收入來源之一。

大姊的店在自由路上，直走就是慈善院，媽媽來聽經，秀蓮接送她。她本來不陪母親進寺院聽經，免得法師們又勸她來出家。在這之前，她其實對修女很有好感，雖然沒有多接觸，卻喜歡她們親切的態度和守貞奉獻的形象。由於她孝順，才能和證嚴法師結下師徒之緣。

師父在慈善院講《地藏經》那時，我還不認識他，後來他開始教如何念《地藏經》，媽媽因為沒有念書，說我年輕學得快，學好了可以回來教她。

我在慈善院跟師父學《地藏經》，他偶爾也講《論語》，因為師父教讀經用的是漢文，我當時聽不太懂。

漢文發音不同於閩南語，識字的秀蓮也是從頭學起。由於母女沒有同住在一起，她教母親讀誦的機會並不多，倒是促成她親炙法師的機會。

兼善天下大志向

秀蓮觀察到證嚴法師與眾不同，當時他們幾位皈依師父的女孩子，都不知道該和法師說些什麼，對法師只有恭敬，不太敢和他獨處。偏偏那天，在從美崙山的化道寺（今稱永甯寺）走向市區的路上，只有秀蓮與法師同行。

來地藏菩薩廟（普明寺）誦《地藏經》，回程時，師父說要去美崙化道寺看太虛大師的一幅親手字跡。本來有多位老菩薩，後來不少人先走了，看完後要回花蓮（慈善院），只有師父和我。

沒有班車了，下著雨，我幫師父撐傘一起同行，聽他說起修行的過程——不想當個替人誦經的法師，不想化緣，希望自力更生；如果沒有辦法利益眾生，就獨善其身。

我覺得這位師父跟一般人不太一樣。如果說我要修行，也想靜靜地修行，如果能這樣，就很高興了。

法師說他不想「替人誦經」，也不想化緣。這些話，秀蓮聽得特別仔細。「如果說我要修行——」秀蓮對於還沒決定的事，一向語帶保留。

一九六五年，她在農曆除夕搬到普明寺，跟隨證嚴法師「修行」，那時的她沒有出家的打算。帶髮修行只是代表她擇定單身、簡單的生活，並且注重心靈的純淨。

她在姊姊的百貨店負責叫貨和跑銀行，之後又學會編織，相當能幹與可靠。到了適婚年齡，家中長輩從不安排相親。

一直以來，我都是很單純的生活，在感情上也很淨。修行這條路是媽媽

引進，接著遇見師父指引了我方向。他說，要是不能兼利天下，就閉門自修（獨善其身）。這讓我覺得師父的思想跟別人不一樣。

在慈善院皈依證嚴法師，劉秀蓮，法名紹雯。隨師在普明寺修行，大師兄紹惟、二師兄紹旭已經出家，但是她與小自己四歲的紹恩（施秀梅），每天打著整齊的辮子，她們沒想要出家。

「修行，為什麼一定要出家？」她反問過自己。

跟隨師父時，我一直不想剃頭。有一次，師公（印順導師）到花蓮，那晚就我們四個人，師公突然跟師父說，這兩個女孩子可以圓頂了。

秀蓮的修行之路一直是順緣，母親本來就希望女兒能出家，父親也是隨緣看待著兒女們的終身大事。一切似乎水到渠成。

證嚴法師在小木屋自修半年禮拜《法華經》，儘管內心嚮往清修，卻一再思維著應廣行人間菩薩道。「如果不能兼善天下，至少也要獨善其身。」在法師被迫離開修行的小木屋時，已經走向這一步；而在慈善院破例收下弟子，是讓他「如虎添翼」，開啟濟世的第一步。

那天，秀蓮為師父撐傘，在傘下聽見「自力更生」四個字，顛覆了她之前對於出家人的印象。談到出家要對社會有所貢獻，這也是第一遭。她說不出有多麼欣賞這樣的修行方式。

就在印順導師認可她與秀梅已經足以成為出家人之時——

我們就跟師父請求剃度圓頂。「你們想清楚一點再來說。」師父並沒有鼓勵我們，反而要我們想清楚。

一九七〇年，劉秀蓮二十八歲、施秀梅二十四歲、謝寶祝三十一歲，三人同時圓頂，法號分別是德融、德恩、德仰。

情感內斂的德融後來回想，當年在慈善院以無言的行動回應法師們的好意，他說：「我的個性很奇怪，也是小孩子不懂事，我不擅言辭，也不會跟人家互動。」

自小習於觀察卻沈默寡言，德融合群卻不盲從，行事很有原則，其嚴肅的個性正來自於嚴謹的家庭教育。

願以清淨心圓頂

那時一同出家的謝寶祝（德仰，法名紹惺），出家前幾年都在臺北做裁縫，休假就回到花蓮探望父母。她在三十歲返回故鄉，正好靜思精舍大殿落成，證嚴法師開始為慈濟委員主持「佛七」，大師兄德慈力邀她來為大家做海青，而她的出家正好可以替常住做僧服。

師兄弟三人同時圓頂，寶祝來不及做好三個人的僧服，部分只好委託秀蓮的姊姊幫忙。母親從那裏聽聞女兒的僧服已在製作，卻絲毫沒被告知將圓頂的大事，頗感納悶。

女兒個性質樸，母親也認為「直心好修行」，曾當著證嚴法師的面懇請幫忙調教。秀蓮在剃度出家前一天回到鳳林老家禮拜祖先，不過隱瞞了即將剃度這件大事，不敢讓家人前來觀禮。

「我的心還沒有定，要是家人來觀禮，我擔心自己起心動念，所以打算剃度之後再回家稟報父母。」德融說，當年希望能以「清淨心」圓頂。

彼時跟隨師父帶髮修行，師兄弟借地耕種，手執鐮刀、肩荷鋤頭，他們開荒闢地、自力更生，更為利生濟世而日夜兼工。五年多來，比起農家人日出而作、日入而息，生活克難的程度難以言說。父母捨不得子女留在家裏種田過苦日子，才會早早將他們送出家門，德融出家前不願父母看見他辛苦的那一面。

佛門前的少女

十七歲到寺院禮佛，十八歲開始聽經，孝順的秀梅懷著悲傷與自責親近佛門，沒想到師父和她有著類似的境遇；而出家，乃佛門大孝。

施秀梅個子不高，皮膚白皙、身材圓潤，時常面帶微笑。很難想像個性活潑、反應敏捷的青春少女，十七歲就開始進出慈善院。曾祖母和祖母晚年都住在佛寺帶髮修行，但是秀梅親近佛寺並非自小牽著祖母或母親的手一起去禮佛。

尋求解脫道

十七歲的她，獨自走進離家三百公尺的慈善院，心裏充滿悲傷。

釋德恩（1946 ～ 2003 年），號紹恩
侍者兼慈善訪視事務。靈活聰慧，調膳第一

施家本籍新竹，秀梅的祖父母帶著家小移居花蓮，不幸乍到異地的祖父便得了瘧疾，祖父母雙雙踅返西部，子女則留在東部謀求發展。

秀梅的父親開了一家洗衣店，夫婦育有九名子女。一九四六年出生的施秀梅在家排行第四，上有哥哥，她是家中長女，就讀小學期間便為家人準備早飯以減輕母親的負擔，十分孝順。

施家昔日在新竹開過餅店，施母擁有一手好廚藝，尤其擅長炊粿。逢年過節，方圓兩三百公尺的街坊鄰居總會相約來到施家做粿。有人帶來磨好的米漿食材等，也有人運來柴薪，火旺、人情也旺，待一籠又一籠熱騰騰的粿出爐，大家分好各自帶回拜拜，情感濃密。

施母的人緣極好，秀梅承襲其手藝，個性也隨和。小學畢業後，她在戲院當售票員，每天最開心的事，莫過於下班後買些好吃的點心回家孝敬父母。施母身材圓胖加上患有高血壓，對於女兒出自孝心奉上的美食照單全收，未料日久形成健康危害而不自知。

「是不是我讓阿母吃得太好，把她害死的？」母親突發腦溢血驟逝，十七歲的秀梅懊悔自己愚孝，悲傷難抑之下，轉向佛寺尋求慰藉。

證嚴法師二十一歲那年，身體看來健壯的養父在所經營的戲院倒下，醫師前來診斷是突發腦溢血，但看診後忘了交代切忌馬上移動病人。當時法師尚未出家，為了讓父親得以安靜休息，招了三輪車先送父親回家。未料這個致命的移動令她自責懊悔，差點精神崩潰。

得自寺院一本《解結科儀》，加上禮拜《梁皇寶懺》，不僅為父親超度，也為自己的心靈尋求超脫。法師經歷低谷之後親近臺中豐原慈雲寺，之後與住持修道法師展開一段真理的追尋，最後擇定花蓮為修行之地。

秀梅同樣在喪母之後親近佛寺。母親去世後，她在大哥接手經營的洗衣店幫忙，經常騎著腳踏車外出收送衣物，最遠還騎到花蓮南邊的壽豐鄉。一次騎車外出收送衣服不慎掉落水溝，導致手部骨折，在家休養期間，鄰居一誠貨運行的「頭家嬤」莊是老太太，告訴秀梅慈善院有法師來講經。

養傷期間，秀梅有的是時間。莊是老太太的孫女陳美玲患有小兒痲痺，秀梅就騎腳踏車載她一起去聽經。

莊是乃普明寺管理委員會一員，向來護持證嚴法師。一九六三年四月中旬，法師在臺北受戒回到花蓮，於普明寺後方的小木屋苦修半年之後，首度來到慈善院開講佛門孝經《地藏經》。據佛經記載，地藏菩薩曾有一世為光目女，侍奉父母非常孝順。她的母親不信因果，愛吃魚卵、殺生無數，死後墮入地獄受苦。光目女為母親做功德贖罪，救母親出離地獄。

證嚴法師講經淺顯易懂，佛典故事引人入勝，《地藏經》與秀梅當時的心境頗為相應。講經期間，莊是讓孫女美玲把握因緣請求皈依，法師基於愛護她的道心而不忍拒絕，秀梅見狀也跟著頂禮。這一跪，法師破例收下弟子。幾天後又有劉秀蓮、呂阿月和一名叫做阿蘭的女孩共三人皈依。

「我是師兄弟中第一個認識、親近師父的。那時，我只有十八歲，師父雖然年輕但很有威儀，我很喜歡看著師父，同時也很敬畏。」秀梅皈依後，法名紹恩，十八歲走入佛道，尊師如父，心中很歡喜。六年後剃度出家，法號德恩，成為證嚴法師五大弟子中年紀最小卻最早皈依的一位。

稱職的侍者

師父離開慈善院前往基隆海會寺結夏安居期間，擅長廚藝的紹恩在許聰敏老居士家中幫他們兩老料理三餐。一九六五年八月下旬，紹恩也搬到普明寺跟隨師父修行。

那時，師父向寺方借用三分土地種番薯、花生等雜糧，紹恩連鋤頭都不會拿，紹惟、紹雯教他耕種。話說紹恩連蟲、蛇都不分，指著一條黑白相間的大蟲說牠很「漂亮」，看出是毒蛇雨傘節的師兄一一落荒而逃呢！

母親去世時，大弟施憲欽只有七歲，姊弟兩人相差十歲，待弟弟十四、五歲時，秀梅也出家了。憲欽知道精舍的生活很辛苦，有時利用假日到普明寺，跟著德慈法師去撿柴或摘野菜。

施家子女眾多，最小的女兒不得不送養，施父自認無法提供子女物質上的支持，家中成員都必須靠自己打拚生活。當秀梅決定跟隨證嚴法師修行，父親一向尊重子女的決定，心想：「只要人平安就好。」

紹恩皈依之後只想帶髮修行，還無意出家。一九七〇年，印順導師到花蓮靜思精舍，看著當時兩位徒孫紹恩、紹雯，就說：「這兩個女孩子可以圓頂了！」

「因緣就是這麼奇妙啊！」德恩隨順因緣，修行路上跟隨師父從事慈善濟貧的社會工作。他的父親見到女兒的修行不只是尋求個人內心的清靜，而是利益眾生，便對女兒說：「這輩子跟到師父是你的福報。若不是這樣，可能也是士農工商（意指為了生活而謀取工作）。選擇出家是你的意志，就好好地做。」

德恩出家後，僧團生活既忙碌又清苦，由於師父的健康狀況不佳，身為侍者之一的他無法經常回家探望，只能以電話關心。日後父親生病，若有常住正好要外出，他才搭便車順便回家，但未曾久留，是相當稱職的侍者。

德恩的活潑開朗令人印象深刻。在他往生後，本來在僧團排行第八、後來因就讀佛學院而離開的紹淵，在四師兄的緬懷集提到：有一回師父要到市區，當車子駛離山門才想起未帶手帕。他形容四師兄以「快捷矯健的身手」躍過石牆，回去取來師父的手帕。

「沒規矩，怎麼可以爬牆？」聽見師父這一說，德恩露出憨甜的笑容。

德恩擅長料理，只要是吃過的食物，大致都能想出料理方法。身為師父的侍者，他調理膳食，用心照顧師父的健康。雖然只有小學畢業，卻擅長文書，早年師父於北部結夏安居期間，他寫給師父的書信文情並茂，羨煞了大師兄德慈。

一九六七年《慈濟》月刊創刊，德恩經常記錄慈善訪視個案故事，以為徵信。後來接任大師兄所掌管的財務，儘管僧團生活刻苦，他在買菜時不向攤商事先詢問價錢，同行的純賢法師問及為何如此，他回說出家人簡單就好，不必計較。此外，每逢師父出門訪貧，他總會在師父的長衫口袋裏放一些錢，拜訪照顧戶時可以買些「伴手」，心思相當細膩，也博得師兄弟的稱許。

參考資料：

《雲淡風輕　似水人生——記憶恩師父》，靜思精舍出版，二〇〇五年八月。

如遇馬勝比丘

寶祝十幾歲就想出家，父母同意等她「老了再去出家」。她做事慢條斯理，連出家都是等到師父提醒：「還不夠老嗎？」才補上臨門一腳！

證嚴法師到慈善院講經的前一年，謝寶祝正好辭去在該院做了七、八年的縫紉工作北上謀職。她不是別具事業心，想到大城市見見世面、多賺點錢，而是以「流浪」的心情北漂，希望父母習慣她這個女兒遲早也會離家。

謝寶祝，一九三九年出生在花蓮。父祖輩本來居住在臺北淡水，因遭遇一次的颱風災損，舉家遷居花蓮。祖父是一名私塾老師，在寶祝得以識字學習時已經謝世。父親重視孩子的教育，雖然家境不好，寶祝只念到小學，還是支持她繼續念私塾。

釋德仰（1939 年生），號紹惺
執掌衣坊間及教誦漢文讀經。老實木訥，縫紉第一

向父親拿錢不容易，他一次給個十元或二十元。當時一斗米（約十一點五臺斤，折合六點九公斤）四十多元，註冊學漢文要五十元，我覺得這會造成父親的負擔，向駱香林老師的太太學了一期的漢文，就不學了。

謝家十個手足，寶祝排行第五，上有兄姊、下有弟妹，家中食指浩繁。父親在日治時期受僱於日本人管理海邊的油槽，光復以後在學校任職，收入並不豐。寶祝珍惜父親那五十元，改去報名裁縫補習班，希望習得一技之長，以減輕父母的負擔。

祖母的女紅很巧，寶祝自小在旁邊觀看，對針線活也很感興趣。她念小學就會自己做抽紗刺繡的手帕，只是個性溫吞，做事慢條斯理，一拿起針線，祖母常嫌她動作太慢，說是：「你以後做代誌一定會乎人嫌！」

然而，她到裁縫補習班初學不久，老師就請她幫忙教另一位年長的學員。她是慢工出細活，受到老師肯定才能擔任小老師，教導別人也很有耐心。結業後，十五、六歲憑著這番手藝受僱在慈善院做裁縫，當家師英姑娘接來一些活計，記得那時縫製的原住民服裝，樣式是短版的唐裝。

有一陣子，寺院僧眾有人去念佛學院或因故離開，住持師父希望寶祝在夜間工作結束後能夠留宿，隔天一起做早課，佛堂才不致冷清。可以說，寶祝十幾歲就開始上僧尼先修班。寺院就像她的第二個家。

有趣的是，當寶祝回到家與祖母同睡一起，夜裏說的夢話是經文，甚至夢裏也以手拍打，像在敲法器而將祖母吵醒。出家的想法也在那時萌芽。

我對結婚沒興趣，十幾歲就想要出家，不知道為什麼，看到出家人就歡喜。

出家的想法，她第一個告訴母親。大人吃驚的倒不是出家這件事，而是她的年紀還小。

「至少先問過多桑（日語，父親）。」母親不讓寶祝擅自作主。父親聽了並沒有反對，認為女孩子就算不出嫁，出家的決定還是等到心智成熟穩定了再說。「等你老了再去呷菜。」父親交代。

從此，寶祝繼續為世間縫製各式的華服美裳，自己等待的卻是親手做一件灰色袈裟。

刻意離家，預習斷捨

在慈善院工作到二十三、四歲，寶祝在那幾年看著姊姊們陸續出閣，父親居然不捨地掉淚。

我是故意離家去流浪，否則若是出家，他也會捨不得。

小名「阿修」的寶祝自小乖巧聽話，活動也只在家裏和慈善院來去，兩地的距離一百多公尺，生活單純到可以說沒有真正出過社會。為了讓父母盡早習慣這個女兒將來也不在家，更不希望出家時見到父親流淚，為此，她做出重大決定，以在外工作為由遠離了父母。

她來到臺北投靠舅舅和舅媽，起初到成衣工廠應徵工作，見現場作業是每個人只車縫一部分，並不是做整件衣服，大家都在比速度賺錢，她被那緊湊的節奏嚇跑了！

她做事總是依序，一件件仔細完成，每件衣服要讓客人穿起來滿意。後來她在一家布行接受客人量身訂作，將工作帶回舅舅家裏做。當月均收入超過五千元，舅媽建議她直接到裁縫店上班，薪水更高。

反觀彼時，借住普明寺的證嚴法師師徒，種田兼做手工，還是時常向寺方借米、油。出家生活如此艱難，像寶祝這樣的女子，生活平順，家庭堪稱幸福，既擁有一技之長，經濟可以獨立，為何早早抱定出世的想法而寧願去受苦呢？這是一般人難以理解的事。

寶祝非但不改其志向，藉由在臺北工作，常在假日到菩提講堂聽經。愈明白佛法的道理，更加深對於皈依佛、法、僧「三寶」的信心。

離開花蓮後，孝順的寶祝偶有思鄉之愁。有一次二哥來臺北，她還差點收拾包袱回家去呢！「想想不行，是我自己要出來的！」忍住思念，她寧可日後不生後悔。

其實她父親也並非完全贊同女兒不婚，只是不主動安排相親而已。他曾瞞著女兒北上，踩著腳踏車去找一個替人誦經的男人。事後舅舅告訴寶祝，她父親來過，認為如果能替女兒找個學佛的同修，也有一份工作維持生活，還是可以考慮婚姻。

對於替亡者誦經並以此為業，寶祝的記憶裏立刻浮現有那麼一個人——

穿了「那個」衣服替人家誦經，誦得呼呼叫，到了吃飯時間，太太從後門出去，帶了一些「那個」回來吃。替人家誦經最起碼也要吃素吧？在家人有沒有福還不知道，至少也要有個「德」啊！

突然聽說父親在為自己找尋這樣的對象，寶祝內心激動得幾近於受辱。舅舅說話時，她瞥見舅舅家後門外有個男子正在清理垃圾，便沒好氣地說：「只要肯流汗賺錢，嫁個拖垃圾的普通人也好，哪有一定要找個會誦經的？」

寶祝說話耿直，認為殷實地付出勞力賺取所得，即使跟個清潔工過活也是心安理得，在家人何德何能為人誦經超度？更何況是用來謀取生活。她對於「學佛」這件事的看待是嚴肅的。

既然父親曾答應「等你老了再去呷菜」，她設定人生三十比較成熟穩定了就準備出家。總之，她抱定獨身。

莊嚴攝受，令生歡喜

寶祝每次回花蓮探望父母，都會到慈善院禮佛、探望常住。辭去寺院工作北上時，還在那裏帶髮修行的鍾三妹（後來的達慧師父）不捨她的離去而流淚。

三妹年長寶祝四歲，在慈善院相識那時，因為做了母親，寶祝在她眼中還只是個孩子。不識字的她不希望日後出家，被笑什麼都不懂，「請小孩子教自己念經，比較不會歹勢。」三妹請寶祝教她漢文誦經。

這兩人和慈善院因緣深厚，豈料後來又會在證嚴法師的道場結為師兄弟。

證嚴法師在慈善院講經七個月，期間寶祝偶回慈善院，雖不曾聆聽法師講經，但見過法師之後，認為其相貌、舉止皆與眾不同。

有些寺院的法師穿著短褂就出去買菜，師父出門會穿著長衫，走路很挺。

同時期親近證嚴法師的德慈也有類似的形容，他說：「師父的僧袍寬寬的，走路時，手肘彎曲將雙手放在前面，並不擺動手臂，很專注，好像在念佛。」

之後，證嚴法師離開慈善院前往基隆海會寺結夏安居，寶祝就近從臺北去探望。多年後皈依座下、法號德仰的他，從師父講經說法中，特別記得一則佛陀弟子舍利弗遇見馬勝比丘的故事。

舍利弗本來皈依外道，在他的師父沙然梵志往生後，一天，在路上看見一位比丘，走路時眼觀鼻、鼻觀心，目不斜視，威儀很好，便請問他的師父是誰？得知這位馬勝比丘的師父是釋迦牟尼佛，舍利弗就帶著自己的追隨者到祇樹給孤獨園皈依佛陀座下。

證嚴法師莊嚴的威儀令人心生歡喜，皈依弟子無不崇敬。德仰以舍利弗在路上遇見馬勝比丘同樣的心情，來形容師兄弟為何志願皈依師父修行。

殊途同歸，因緣奇妙

同樣十多歲就親近慈善院，四師兄德恩成為最年輕也最早皈依證嚴法師的弟子，寶䄂的緣分則來得遲些。

德仰是法師五大弟子中，出家時年紀最大也最晚的人。當年大師兄德慈年屆三十便焦急再晚出家，要學什麼就難了呢！

一九六九年，寶䄂三十歲，回到花蓮預做出家前的準備。

從臺北回來，就算要出家，也離父母較近一點，並不因為出家了，好像一個女兒不見了！

那一年五月，靜思精舍落成，證嚴法師與四位弟子結束了借住普明寺四年半的修行生活。同年打佛七，慈濟委員要訂製海青（註），德慈雖然會做，但要完成三十件可不容易！得知與他俗家同住仁愛路上的寶祝不再回臺北工作，便邀請她來幫忙製作。

寶祝幫忙做海青也來打佛七，每天乘坐一早的公車來，再搭最晚一班九點多的公車，回到市區都十點多了。「去拜拜應該也一下子就回來了，哪有女孩子弄到那麼晚才回到家？」媽媽叨念她是個瘋子，寶祝隔天還是照樣晚歸，樂此不疲。

證嚴法師主持佛七，親自教大家如何穿著海青，經行念佛的隊伍很整齊，寶祝看了歡喜，她的母親那時也來禮佛，告訴女兒：「你以後如果要出家，可以跟證嚴法師。」

「是我對自己沒有打算。」日後出家，德仰回想當時埋首在縫紉機前，每天的生活很簡單，也許就像早年在慈善院做事一樣，置身寺院感覺自己已經是常住，倒忘了剃度修行這件事，直到一天被證嚴法師問及年齡。

「三十一歲了還不夠老嗎？既然家人不反對，自己應該早做打算。」接受證嚴法師的提醒，寶觀在一九七〇年端午過後兩天，拿著父親所給的十元車資搭車來到靜思精舍，從此便一直住下了。

早年，靜思精舍常有士兵行軍經過，「裏面的女人心情一定不太好吧？」德仰聽過類似戲謔的口吻，然而出世、入世豈是一牆之隔。

同在師門，大師兄德慈笑看達慧和寶觀的皈依，「他們都是慈善院的信徒，結果這些人要出家，都被師父吸引了過來。出家因緣很奇妙！」

（註）海青：佛教徒參加法會、念佛共修及助念等，所穿著的正式禮服。

尼姑仔囡

來到普明寺，我的年紀還小，對於「辛苦」這件事體會並不深，可是吃的東西和阿嬤家比起來，差別很大。——呂丹桂

夕陽落得很快，紹惟外出還沒回到山門，師父和紹雯的心也跟著沈了！聽見門外聲響，他們出來一看都嚇了一跳！

「師父，這是我的養女。」紹惟身邊站了一個小女孩。

地藏菩薩廟空間很小，我沒事先跟師父說，一日冬天晚上，就載了這個孩子回來。

師父之前就聽說我有個養女。丹桂本來姓張，住在吉安。太小的孩子我不會養，她七歲剛好，長得很可愛。第一次先帶她來家裏玩幾天，那天

不忍骨肉分離，證嚴法師讓弟子們將女兒帶來寺院安單。德慈（最上）的養女呂丹桂（前二）、德昭的女兒田琦瑛（前一）都在精舍長大。（照片／田琦瑛提供）

她穿的衣服是借來的，我會做衣服，就去裁布為她做一件洋裝、一件衣服和裙子。

家裏養雞，我買了空心菜回來，這鄉下孩子蹲在地上切菜時，知道要把裙襬塞在裙頭才不會弄髒，聰明伶俐！她來我們家住了十幾天，養母看了也說很好，要我去抽籤；結果好是好，但是收養的時機未到。隔年，她的父母來我們家看過，覺得很單純，也同意讓丹桂改姓呂。

我出家不久，丹桂的生家怨我為何要出家，害得女兒不能過好日子。這一說，我養母也不高興，「你的養女，把她帶去吧！」我的立場也不好受，但是「呷一點志氣」，就說：「好吧，我來帶走。」

事到如今，要這個孩子去哪裏？我在路上哭過，師父知道我回家一定是發生摩擦，事先也沒講，而且孩子帶回來都晚上了。

師父本來就很疼孩子，把丹桂帶來寺院也比較單純。她跟我們住下來，也跟著一起做事，我們有飯吃，她也會有飯吃。

連豆腐都成奢侈品

紹雯聽見大師兄的養女要住下來，簡直快哭了！「我們的日子已經不好過，現在又要多一個人，況且孩子也要讓她讀書。」

普明寺後面就是佳民國小，原住民小孩看見丹桂走向康樂村去念小學，總朝她喊：「Bye-bye！」康樂村是閩南村落，那裏的孩子背地裏叫她「尼姑仔囡」。

住在寺院，師父也替丹桂取了法名「真容」。從張丹桂、呂丹桂到真容，對一個十歲孩子來說，身分的認同和環境的遷徙變化太大；而身為「尼姑仔囡」似乎比「父不詳」更加隱晦，真容感到自己的身分是個禁忌，僧團的刻苦生活也加深她的自卑心理。

來到普明寺，我的年紀還小，對於「辛苦」這件事體會並不深，可是吃的東西和阿嬤家比起來，差別很大。

我身為養女是件愉快的事。阿嬤很疼我，剛來時做了很多新衣服給我穿。阿嬤家天天吃白米飯，除了自己種菜，早上吃稀飯，聽見賣醬菜的來了，就叫我去買，那醬菜吃起來真是美味！阿嬤會喝點小酒，晚上溫一壺清酒再配上可口的小菜，生活過得很好。

最初住在普明寺，還沒有田地可耕種，也沒有錢買菜，我們去拔附近農家採收地瓜之後的番薯葉回來煮，也才知道「刺莧仔」這種野菜可以吃。

拒吃番薯簽飯的真容歡喜地來到養家，吃穿不愁將近三年。由於養母出家，她跟著來到寺院寄人籬下，這裏沒有阿嬤家餐桌上的稀飯醬菜和魚肉，連塊豆腐都是奢侈品。與養母相差二十二歲的她，宛如回到養母童年所經歷戰後貧窮線下的生活。

在國中階段，靜思精舍的生活稍微好一點，真容的午餐便當只有飯和青菜，頂多逢初一、十五，德利豆干店的老闆娘、慈濟委員靜慈會帶點豆製加工品來加菜。為了避免同學嘲笑，真容吃便當時總是盒蓋半掩，直到一天——

一位男同學吃便當也跟我一樣不掀開蓋子，有個男生故意掀開他的便當；裏面沒有菜，只有一坨番薯飯。剎那間，捉弄人的男生覺得自己做錯就跑開了。

便當被掀開的男同學，臉上的表情很複雜，我永遠忘不了。他跟大家說：「我家裏很窮，所以沒有菜可以配。」呷菜又如何？人家窮得連菜都沒得吃！從此我吃便當就不再遮掩了。

舅舅在我們學校教書，擔心我跟著師父吃得不夠營養，中午會請我去福利社吃顆滷蛋和一碗魚丸湯。

小孩也過修行生活

生活上除了飲食的落差，真容也怕夏天的半夜。

沒有手電筒，去上廁所才走到階梯，就聽見眼鏡蛇發出「嘶嘶」的聲音。

察看周遭，左邊的雜物間放了一些豆粕醬缸，右邊是織手套間，中間的巷道不寬，蛇就在那裏。我不敢過去，也不能拿棍子趕牠，只好先忍住，好像跟牠對峙；實在忍不住了，便趕快衝過去！

「阿祖」（莊是老太太）很疼我，小時候要上廁所，只要叫「阿祖，阿祖！」她會陪我作伴。

師父們種水稻，晚上須輪流巡田水。田埂四周都沒有住家，路好暗，我經常半夜被叫醒來跟班。我沒有雨鞋可以穿，都是穿著拖鞋就去了，也最怕有蛇！

真容在課餘跟著師父們去摘野菜，也上山撿柴；上了國中開始輪值做早齋。自小聰明的她在德慈眼中更加能幹。

在普明寺，那時人少，我們早起就要課誦；她洗米煮粥備菜，要來得及我們先上供，再煮菜讓大家吃早飯。吃過飯我就趕著下田，她還要幫我洗衣服。有時她會說：「師父啊，我常這樣趕，上學都快遲到了，會趕

出心臟病！」

他們常吃的野菜必須挑去老梗和皮莖，下鍋前需費點時間挑揀。每逢學校考試又輪到真容煮飯，德融、德恩前一天會幫她備妥青菜，隔天一早也常接手煮飯，讓她多點時間念書。

恩師父、融師父帶給我很多的溫情。第一年到普明寺，恩師父尚未住進來，她那時還在幫許老居士家煮飯。冬天，他看我的腳乾裂得流血了，就去買一瓶甘油給我擦。兩位師父都很了解小孩子的「輕重」（意指能滿足其所需和所想要的）。

大師兄德慈忙裏忙外，師兄弟共同照顧真容，也教她煮飯、洗衣。真容還利用課餘幫忙糊水泥紙袋、織手套、做女裝代工等，自小有一雙巧手。

證嚴法師相當重視規矩，真容雖然是個孩子，作息隨眾，她沒有時間出去玩，也沒有太多時間念書，還須遵守修行人的行、住、坐、臥「四威儀」（註一）；走路不能有聲音，連說話都要有規矩。

那時都睡在大殿後面，師公晚上會起來巡視，不管是大人或小孩，若沒有「臥如弓」吉祥臥，師公就拿起香板打屁股，都把人打醒了！

早上三、四點必須起床，要煮飯、掃地，若考試前還沒有準備好，就想早點起來念書。長期處在睡眠不足，所以我最喜歡「打佛七」；很多人來參加，師姊們會輪流煮飯，若遇假日不用上學，我幫忙挑完菜就沒事了。

織手套的機器間有個高高的工作檯，晚上可以睡人，我去那裏把門關上偷偷睡覺，一覺醒來再幫忙過堂（註二），從來沒被人發現。大人打佛七都在忙，我不用煮飯又能偷偷補眠，反而是最放鬆的時候。

同為養女，各補缺憾

真容念的是鄉下國中，同學們的升學意願普遍不高，她在接近聯考前才告訴舅舅，想升學的第一志願是花蓮商職。

「市區的學生都拚成那樣了，你沒時間念書，如何能考上？」衝著舅舅的這句話，真容加緊用功。小時候在半夜陪她上廁所的阿祖，這時成為她的鬧鐘，每天清晨兩點半叫醒她念書。

精舍的燈光一直是昏暗的，只點著小燈泡，晚上也不能開大燈。阿祖有自己一間房間，所以我去跟她住，她會叫我。

德慈本來不打算讓真容繼續升學，因為僧團的生活一直不穩定。沒想到，真容如願考上理想中的職業學校。他記得當時——

我想她能夠念到國中就很好了，以我的立場是不想麻煩僧眾，不如讓她留在精舍幫忙。師父說，時代改變了，才國中學歷可以做什麼？他贊成真容繼續升學。

真容跟著師父過苦日子，知道自己的升學帶給僧團經濟上的負擔。在學期間，她不曾參加任何學校的活動，包括國中時的遠足野餐也都不敢提。每逢學校要繳費，她大概三天前就睡不著覺，光是向「慈師父」開口便躊躇老半天，更不知如何向師公說。

她能體會師父們的辛勞，但起初也不明白：「我們務農或做手工，過自己的生活就好了，為什麼還要做慈善？」就讀高職後，養家阿嬤位在仁愛街的房子經歷大火，重建之後三間房子的其中一間，提供給慈濟功德會當作貧民義診所。

那時我也會跟著師公到仁愛街義診所，幫忙發放物資時，看到那些人那麼窮，參與濟貧、訪貧才明白師公為什麼要這麼做。上高職以前，我還不會思考這些事，後來才懂得知足和惜福。

德慈知道真容乖巧，生活在道場不免受到束縛，做養母的一方面感到欣慰，又時感虧欠。

那時，每天工作都做不完，又有銀行貸款的壓力。真容很乖而且做事認真，她在這裏並不「快活」（輕鬆之意），加上師父很嚴，都不能隨便。

學校要畢業旅行，她也沒去。

我沒受什麼教育，沒有知識，也不知道要用「愛的教育」耐心教導孩子。我沒有時間好好了解她，常為一點小事而罵她或打她。「這樣就是這樣。」我要求她乖乖聽從，符合這裏的生活。

有一次幫她剪髮，剪得太短，她生氣了！我沒空，她又耍脾氣，我就打她。後來我被師父糾正說那就是「孩子」，還說我「粗魯」。因為我小時候也是這樣走過的，不對就是罵或打。我知道教育方法錯誤，真容的內心有受傷，讓她不快樂，我的內心也感到愧對。

德慈凡事以身作則，自我要求很高。為了做好大弟子，他作為「母親」的角色相對淡薄，而且不知不覺複製了養母的教育方式，讓真容感受不到母愛，小小的心靈充滿壓抑。

「大人們為了生活與濟世而過於忙碌，很少有人可以談心。」真容每當感受委屈，利用大家午休時，一個人跑到無人的田埂上哭泣。

我從小就渴望有個伴、可以談心的人。在精舍裏，大家都在忙，儘管有人對我好，似乎很少能談心。

真容商職畢業後在市區找到會計的工作，雖在道場長大，她沒有出家的意願，反而特別渴望家庭生活，後來選擇婚姻，婚後才離開精舍。

這一對同為養女的母女，人生的選擇正好相反，卻都彌補了各自在成長過程中所感到的缺憾。

嫁作人婦的真容住在花蓮，與德慈仍然很親近。「其實我們兩個很像，也很有話講，特別都喜歡做陶。」真容說，還有人說他們母女長得像，不知道她是師父的養女。

德慈誇讚真容很有藝術天分，思想也很豐富。在德慈晚年生病時，對於自己過去對待真容的嚴厲也表達虧欠；真容則感恩德慈師父的教導，對她恩重如山。

有別一般親情關係

出家人隨遇而安，床鋪擠一擠，吃飯多雙碗筷，無論來眾多寡，生活都能自在。德慈尤其感佩師父在那個年代能無畏於世俗的臆測，讓真容在精舍住下。之後，二師兄德昭的女兒田琦瑛也在小學五年級來到僧團依親。

田琦瑛，法名「真華」，比真容小一歲。師父交代她們要以姊妹相稱，不得直呼其名。

真華的父母、祖母和兩位姑姑，先後在不同的道場出家。母親在她未滿周歲時帶著她到寺院帶髮修行，成長過程中在不同的道場依親，也不斷轉學，家庭情況特殊。

家人在她口中都不是一般的稱謂，而旁人認定的是她與師父們一般眷屬的關係——她是和尚的女兒，也是尼姑的女兒；與父母無法建立正常的親子關係，更無法同住在一起。若有似無的關係頗讓她難以接受。

「小時候被嚴格對待，媽媽也不能像媽媽那樣呵護我。」除此之外，對於別人的指指點點和好奇，特別是直接問她和「德昭師父」的關係，這令她感到壓抑和不悅，只能置若罔聞。

我以前就叫昭師父「姑姑」，不叫「媽媽」。她在慈善院出家那一天，我念東淨寺幼稚園，當放學回去見到她變成法師的樣子，我嚇一跳！沒有哭。不能適應突然的轉變。

真華跟著家人待過不同道場，她也是從飲食上直接感受靜思僧團的刻苦生活。

收成的帶殼花生以鹽水煮得老鹹，再浸泡在鹽水裏面，一餐就撈幾個起來吃。鹹鹹的殼一入口，便能配好幾口粥了！自己種薑也醃漬了一大缸。早餐若沒有青菜，加一塊很鹹的豆腐也這樣過一餐。

以前和現在的生活真的差別很大！如果是現在，我應該不會逃離精舍。

記得念康樂國小，每天晚餐吃著自己種的玉米，不然就是湯麵，頂多用紅蘿蔔爆香加點醬油而已。

以前念書的時候很不喜歡週六、日，因為都要工作，除草或摘玉米，很苦悶。從小也要做早課，好像過著出家人的生活。若有客人來我最喜歡了，可以到佳民村那個大水溝去摘野菜，對我來講也算是郊遊，很開心！那時住在精舍，只要有得玩就好，也不懂得大人的經濟壓力。過年過節，師公會給我紅包。拿到紅包很開心，但最後得交給當家的慈師父，高興一晚而已。

從小在道場長大，由於德昭不擅言詞也不易表達情感，真華從母親那裏得不到的溫暖，所感受到的幸福也是來自德融、德恩對她的疼愛。常住師父的體貼讓她得到情感的補償。

恩師父大我十一歲，會跟我們玩在一起，我們跟他什麼都可以聊。婚後，恩師父還是會讓我躺在他腿上，就像小時候一樣幫我掏耳朵。我們的感情很親。

融師父很穩重，我們不敢跟他玩，而是很愛他。我小時候實在「枵鬼（餓鬼）」，上學前在精舍前面晃來晃去，融師父見著，就拿塊德利豆干或什麼的塞給我吃，我就很高興去上學。若是沒給東西吃，我就不去學校。一直到現在，融師父傍晚煮好師公的點心，也會招呼我一起享用。我說要回家煮飯了，他會刻意說：「吃平安的喔！」就不得不吃。這就是他對我們的愛，很深！

精舍生活還為真華帶來一生受用不盡的智慧。

師公和慈濟委員去訪貧都搭遊覽車出門，我們也會跟去。照顧戶的家不論味道再怎麼難聞，師公都會親身撫慰他們，這分慈悲的精神是我們要學習的。這段經歷對我後來做慈善訪視很有幫助，回想以前住在精舍的日子，帶給我一輩子的影響是要節儉、惜福。

內心焦苦化為感恩

或許是證嚴法師的成長歷程，無論是在普明寺或靜思精舍，僧團的生活再艱難，他都不願見到骨肉分離的痛苦和矛盾。

大約三十年前，一位慈濟志工在失婚之後萌生修行的念頭，結束工作並處理好房產，最後也將稚女送養，隻身來到靜思精舍修行。某日，師父想起這位志工之前來打佛七，身邊都跟著一位女童。

「孩子送給別人，如果不受人疼愛呢？」師父的一句提醒，讓無辜的女孩重回母親身邊。

「師父的心量很大。」德慈說，這是師父的慈悲。

「究竟為什麼不能生下來就在父母身邊長大？要輾轉過這樣、那樣的生活？」

「在我小時候就常想：人生為何而來？我期待的是什麼樣的未來人生……」

「我是阿伯的親生囡，送給叔叔。以前的人，孩子送給別人就不能認自己的家。青少年時期，我也有重重的心事，尤其古早人保守，很守規矩……」

證嚴法師也是養女。在年少時曾感到這樣的困惑、不安和壓抑，不禁生起喟嘆。

法師出生時，上有兩個姊姊、一個哥哥，由於嬸嬸身子弱，婚後苦無一兒半女，猶在母親胎腹中的這個孩子，大人之間約定：無論性別，出生後將交由叔叔、嬸嬸撫養。

十一個月大已經會認人了，女娃開口學話喊的是另一對父母。十年後，養母陸續生下四名兒女；隨著養父的事業發展，他們舉家從臺中清水搬到豐原。離開原生家庭和故鄉，心裏載不動的愁讓他變得沈默而早熟。

師父自小很乖，完全不需要大人操心，很會照顧弟弟、妹妹。如果他們做錯事讓媽媽生氣，師父就會跪下來請求媽媽不要生氣，自責沒有將弟弟、妹妹教好，請媽媽原諒。

德慈從「師媽」（證嚴法師的養母王沈月桂）那裏，聽來有關師父成長的故事，師父自小孝順，難怪師媽將他「疼入心」。

「師媽很疼師父，母女時常『叮叮咚咚』（意即無話不談），師父幫忙家裏管理戲院也管帳，做許多事情，師媽很信任他。」德慈還說：「師父就算出家了，想回清水的生家看看也會事先問過師媽，不會因為出家自由了，就擅自作主。」師父對養母很尊重。

德慈羨慕師父和師媽的互動，雖然他的姑姑養母極有威嚴，親子關係沒有那麼親密，但他知道要孝順和報恩。在他的生父去世後，他便嚮往佛門，長大後若非養母逼迫婚嫁，他也不會貿然翹家。

德慈和師父的翹家、出家，並非養女受虐逃家的故事，而是探尋人生的意義和價值。「人生為何而來？我期待的是什麼樣的未來人生？」德慈雖不若師父這般自問，卻一樣認真思索未來。

佛法的「因緣觀」，不但解答了證嚴法師年少時的疑惑，同樣身為養女的德慈，內心的焦苦之聲後來也轉化為無盡的感恩。

（註一）四威儀：即「行如風、坐如鐘、立如松、臥如弓」。修行人在衣、食、住、行方面表現在行、住、坐、臥的基本儀態。

（註二）過堂：僧眾一起在齋堂用餐是中國佛教的叢林生活方式之一，有別於南傳佛教的托缽乞食。證嚴法師帶領弟子打佛七，教導用齋時，端碗、夾菜的動作如「龍口含珠、鳳頭飲水」，優雅的食儀之外，更應心存「五觀想」，其中如「計功多少，量彼來處」。一粥一飯，當思來處不易，吃飯也是修養心性。

第二部

開山拓荒，「窮」抱理想

師徒借住地藏廟，也借土地耕種，不會駕牛耕犁，卻做起牛馬的工作；以粗重勞務換取生活，卻不只是為了自己有飯吃……

何處是我們的家

在普明寺只是借住，生活還是靠自己的雙手拚命做。跟人家借住是不方便，將來要有屬於我們自己的地方。——證嚴法師

證嚴法師出家前一直在流浪。從臺中豐原的家翻過中央山脈，她便一無所有了。為了出家而翹家不讓家人找到，等於切掉父母的臍帶，捨棄人生最溫暖的懷抱和最可能的依靠。

身在異鄉無處安身，早年與豐原慈雲寺住持修道法師出走時，他們直接向寺廟借宿，修道法師有時以講經換取較長期的住宿，一方面結個法緣，同時也為化名「靜思」的證嚴法師找尋適合修行的地方。

借住就是客，一切隨緣。要是主人家有任何不便或扞挌，他們不強人所難，像雲一樣地移動；流浪，讓他學會「無住」與「無著」，也讓他生出莫大的勇氣。日後在依然居無定所的情況下，破例將五位渴慕皈依的年輕女子收為弟子時，雖有擔憂，法師如實看待。

決志修行的人除了要通過家人那一道親情關卡，自身能否吃苦？能否忍受生活的困窘和不便？唯有調伏自心、隨遇而安，才能跨過出家的第一道門檻。證嚴法師出家受戒從臺北回到花蓮，許聰敏老居士在普明寺後方蓋了一間小木屋讓他在那裏修行。法師後來回顧那半年苦修時間雖短，卻是人生中最清淨的時刻。

「**靜寂清澄，志玄虛漠，守之不動，億百千劫。**」他常引用《無量義經》的經句形容心境，可惜之所以離開普明寺，也正因為他人預見這位修行者將來可能有大成就。

德慈在「慈師父講古」，每提到師父當年被「趕走」難免心疼；然而「逆增上緣」也是修行難得的機會，就像風箏逆著風才能破風直上。

師父大約是一九六三年四月中旬，住進小木屋獨自苦修。平（慧永）老菩薩住在普明寺，她很擁護師父，不讓他人去打擾師父的清修，「人家在裏面修行用功，不要去吵他。」所以地方上一直流傳那裏有個修行人，一天只吃一餐，一天才睡兩小時。

到了農曆七月三十，地藏菩薩聖誕日，法會來了很多信眾，平老菩薩再也擋不住想親近師父的人。那麼多人嚮往、尊敬師父，卻引起地方人士的注目，唯恐因此而發展起來……所以不讓師父繼續住在這裏。也有人提到，那間小木屋會破壞普明寺的地理，認為地藏菩薩就不再靈驗，要將小木屋拆掉。

師父自認是外地人，既然地方上的人不歡迎他住下，於是就暫住許老居士的家。雖然看似逆境，也是助緣，我們才有機緣親近師父。

初冬，二十六歲的證嚴法師受邀至慈善院講經，威儀好又會講經，前來聽經的女眾除了剛自行剃度的呂阿月請求皈依，法名紹惟，另外四位是：紹雯（劉秀蓮）、紹恩（施秀梅）、紹愈（陳美玲）和紹意（阿蘭）。

「師父本來立願不收弟子，但有人發心要親近修行，假如他不收，不給予助緣，道心退失之後，善根也可能斷了。」德慈認為，那時師父是勉強答應他們。

「自己的生活不安定，在別人的道場講經，講經結束後就要離開這邊，我不知道要把你們帶去哪裏。」聽見師父也有為難，五位弟子也希望能找個地方，方便師父帶領大家修行。

鳥在半空，無樹可棲

在佛誕日那天甫收下弟子的兩天後，證嚴法師講經結束便前往基隆海會寺結夏安居。三個月的結夏既是精進，也是下一段的流浪。師父不在花蓮的期間，五位皈依弟子想念師父，也和師父想著同一件事。

師父回來了不曉得要住在哪裏？慈善院不能去了，地藏菩薩廟（普明寺）那裏也不可能回去，許老居士是在家居士，他的家也不能住。我們就像鳥兒沒有一個巢，飄蕩在半空中，該怎麼辦？

依佛制，四人以上可以成立僧團。紹惟和四位十幾、二十多歲的女孩想法都很天真，「師父剛來花蓮去過美崙山，他很喜歡那裏。我們就想找個地方，若只能蓋二十坪的房子也沒有關係。」她們到美崙一帶去找尋有沒有土地或房子要出售，但就算找到合適地點也沒有錢買。

證嚴法師出家前與養母約定，每年中秋節在養母生日這天回豐原為她祝壽。一九六四年農曆八月十五日，五位弟子齊聚在許聰敏老居士家頂樓，吃著老夫婦準備的月餅邊賞月。

遙想山的那一邊，師父也快回來了，但是夢想中的道場猶如天上的月亮那般遙不可及。幾個人邊吃邊聊，後來邊說邊哭，那股心酸的感覺，紹惟（德慈）一輩子都難以忘記。

「哭也沒有用，我們去照相好了！」預知前途茫茫、分合未定，那時不知是誰提議，他們用最純情的方式表達了希望在一起修行的想法，就算日後各分東西，至少相片為證。在那一張張年輕而光滑的臉上，淚水拭去了，他們都努力表現出還擁有一絲的希望。

而後，紹愈和紹意因為出家的因緣不具足，只有紹惟、紹雯和紹恩在最初與師父組成靜思僧團。

為了弟子，重回舊地

師父回到花蓮，既不到慈善院也沒有回普明寺，他到東淨寺講《阿彌陀經》，這次還帶上德慈。「紹惟，你已經出家了，不能繼續住在俗家。」他說。這也是法師從來不在許聰敏老居士家久留的原因，儘管老夫婦對他呵護備至，他從來沒有忘失戒律。

紹惟終於找到皈依師，也以出家之身重回東淨寺大殿，這裏是他十五歲發願出家的地方；為了實現心願，他用一倍的時間在準備。環顧堂上三尊佛，一九五一年花蓮大地震，東淨寺部分建築毀損，許老居士也大力護持修建，眼前所見已經不是昔日那三尊佛。但想想，自己的人生何嘗不是經歷一場大地震才從呂阿月換成紹惟？

「只要堅持，佛菩薩會幫助你出家成功！」他深深感念佛菩薩加持，如願換上這一身袈裟。

在東淨寺掛單了幾天，師父吩咐紹惟搬到普明寺，也拜託掛單在那裏的平慧永老太太關照弟子。豈料不出一週，紹惟感到某些委屈，回到東淨寺找師父。

我一直哭，師父問我怎麼了？我回答沒事。但是見我跑去找他，又不斷在哭，師父也感到不安心和難過，面對眼前這個環境該何去何從？

當時，師父掛單在東淨寺，紹雯在姊姊家（白天在店裏幫忙），紹恩住在許老居士的家（為兩老料理餐食），我暫住在普明寺，四個人住在不同的地方。後來師父不忍心，陪著我回普明寺住幾天。那天紹雯、紹恩送師父去坐車，換成兩人站在車旁一直哭，師父心裏也很難過。

話說證嚴法師在普明寺，兩年間來了又走、去了又來。一九六三年十月，經歷一朝風雨，得知普明寺的管理委員會成員對於這位受到民眾喜愛的法師有所顧慮，自知不受歡迎，他決定離開普明寺後方的小木屋。

此番，為了弟子們的修行並善盡為師的職責，在無處可去不得已的情況下，法師在東淨寺講經結束後，於一九六四年十二月初重返普明寺。

「師父在小木屋修行算是自己的地方，借住就算是普明寺的人，所以他們歡迎我們住進來。雖然是跟寺方借房子，我們的生活還是靠自己獨立。」德慈說。

夢中普明寺，慈濟發祥地

證嚴法師與普明寺有著深厚的因緣。一九六二年十月，她尚未出家，與修道法師連袂二度造訪花蓮，正好許老居士邀請他們參加普明寺重建落成啟用典禮。

就像德慈與東淨寺，證嚴法師和普明寺的因緣也不可思議；恰巧的是都發生在她們十五歲那年。德慈對於師父的這段故事如數家珍。

師父十五歲那年，媽媽胃出血，醫生說必須開刀。一九五〇年代的醫療水準不像現在進步，師父很擔心。聽老一輩的人說，如果有困難可以虔誠求菩薩幫忙。所以她祈求：「如果媽媽的病可以不用開刀就痊癒，我要茹素。」還發願折壽十二年給媽媽。

也許是孝心感動菩薩，發願後連續三天晚上，她夢見自己在一間小小的寺廟煮湯藥，空中一朵白雲飄過來，雲端有位穿著白色衣服的女人給她一帖藥，要她放入湯藥中煮給媽媽喝。

連續三天就像電影重播，也許真的是菩薩感應虔誠的心念，後來師父的媽媽沒有開刀，病就好了。師父也在十五歲開始吃素。師父一到普明寺就覺得似曾相識，好像以前來過，但是普明寺才剛修建落成，根本不可能來過。終於讓她想起十年前，母親胃出血，她為母親發願茹素，夢中在一間小寺廟旁煎藥給母親服用。沒想到就是普明寺。

普明寺的前身，一九二二年，由北埔農場製糖會社的日本職員嘉村忠吾，從家鄉請來石雕地藏菩薩像「惠門山延命地藏尊」，與友人合資，在茄苳樹下建造木屋供奉，為感染瘧疾、霍亂而身亡的日本社員慰靈。這座小廟歷經第二次世界大戰的戰火，蕩然無存，石雕地藏菩薩像也自身難保。一九六〇年，許老居士邀請在地士紳集資，以鋼筋水泥重新建造，一九六二年落成啟用，由廟公管理，直到一九七九年才有法師住持。

證嚴法師十五歲那年，這座守護並解救苦難的地藏菩薩院，逐漸隨著日本人撤退也被人們淡忘了，少有人至也缺乏管理，之後才有重建的因緣。在她二十五歲那年，因參與寺院重建的啟用典禮，才恍然大悟那是年少時的一個夢境，彷彿遇見未來。

證嚴法師將此視為重要的啟示——深信自己和普明寺有緣，而且出家的因緣就在花蓮。後來每當在開示中提到「慈濟」的緣起，總不忘感恩許聰敏老居士和普明寺。普明寺是「慈濟」的發祥地。

獨居苦修，堅定道心

一九六三年四月，證嚴法師在臺北受戒圓滿，印順導師安排他的女眾弟子們搬到臺南。由於證嚴法師受戒前已經請許老居士在普明寺後方幫他建造小木屋，因此決定回到花蓮。德慈從師媽王沈月桂那裏，得知不少師父當年苦修的情形。

師父住進小木屋，長十二臺尺、寬十臺尺，室內不到三坪半。裏面擺了佛龕和桌子，佛龕下面有一張兩尺半寬的小床，師父上下床都要低頭彎

腰，免得撞到佛龕。

木板床上鋪了一塊別人丟掉的榻榻米，因為榻榻米比較大，所以切掉五吋，才能和兩尺半的床一樣寬；切掉的邊沒錢去做滾邊，就這樣克難使用。

師父苦修時，一日一餐，才吃一小碗，一天只睡兩小時，把全部時間用來精進，研讀、禮拜《法華經》，還用毛筆抄寫經文。

到了夏天，師媽聽說師父回到花蓮，住在地藏菩薩廟後方的小木屋自修，想來探望。她打電話到許老居士家，告知某天某個時間會來花蓮，請轉達師父到機場接她。

那天，師父摸摸口袋沒有半毛錢搭車，只好走路去機場。他想著等接到師媽就可以坐車了，沒想到走小路的關係，時間延遲了。當師父走到機場，空無一人。

沒接到師媽，當下的心情難過到不知怎麼形容！只好從機場走到美崙，再到花蓮市區。六月的天氣很熱，師父前後大約走了四個小時才來到許老居士家。

而師媽帶著她的乾媽（師父的阿婆）從花蓮機場走出來，沒見到師父，便搭計程車找來秀林鄉佳民村的地藏菩薩廟。看見後方的木造屋那麼小又簡陋，屋頂蓋著黑色的油紙，只是幾塊木板釘一釘，外面刷上柏油。小木屋裏面，佛龕下放一張小床，上面是一塊破破爛爛的榻榻米，師媽和阿婆心疼得哭了起來！捨不得師父跑到這麼偏僻的後山，住在這麼簡陋，雜草又多的地方。

因為師父不在，她們搭原車來到許老居士家，等了半個多小時，師父才走到。阿婆和師媽一見到師父的樣子，心都碎了！那時師父吃得很少也睡得很少，整個人非常消瘦憔悴，加上小木屋又熱，把人燜成黑黝黝的，師媽不捨地直掉淚。

師媽回豐原前，拿錢要給師父，師父不肯收。他說目前的生活很簡單，

不需要什麼花費，以後真的有需要再請師媽幫忙。

苦修成就了師父的道業，卻令養母心疼不已。昔日的「心肝兒」，如今也只能跟著大家稱呼一聲「師父」，她連心疼的感受都不知如何表達。在女兒結夏安居時，她也去了海會寺，在那裏皈依了道源長老。說來，女兒出家也度養母學佛了。

暫且容身，生活未知

出家不比在家，免不了吃苦。證嚴法師二度翹家時，第一站落腳在臺東鹿野的王母廟。她和修道法師天黑投宿時，沒有電燈，摸黑便睡下了。天亮時才發現背部扎刺的是睡鋪的稻草，身上還被跳蚤叮咬！

挑水時，她坐在樹下邊擦汗邊流淚，望著橫在眼前的都蘭山，自問：「我為什麼要在這裏？」山勢如一座臥佛，遠山和自己的距離宛如凡夫和佛的境界，遙遙相對。「如何才能到達佛陀的境地？」

雖然過著沒水、沒電也欠缺米糧的生活，但她求道心切。唯一折磨的是每到黃昏，望向王母廟後方的中央山脈，思念綿延至日落之處的故鄉臺中豐原。她很想念媽媽和弟弟、妹妹們，特別是夜深人靜時，濃郁的鄉愁爬上心頭。

「心裏交戰，山的另一頭就是我的家。」證嚴法師說：「第二次偷跑應該會成功，已經過到後山來了，為什麼還要回去『自投羅網』？」當時差點忘記翹家的目的，她提醒自己一定不能回頭，否則就前功盡棄了！

在普明寺，小木屋既小又熱，法師在那裏結交了三位原住民女性朋友，她們來向他學法器，幫忙挑水又上山砍竹子築籬笆，也以竹子尾端的枝葉當作屋頂鋪面，替小屋增添一分清涼。

法師在靜坐中聽見蛇蠍爬行，昔日在俗家，她曾撞見大蛇而驚嚇過度昏倒；而在半夜，偶有醉酒的路人經過小木屋……修行之路必須克服各種的恐懼，學會獨處。

小木屋刻苦的生活，教養母看了心如刀割，卻成就一個出家人的精進修行。當時他沒有因為生活艱難而接受養母的資助，不過他也沒有把話說盡。

帶著弟子來到普明寺借住，證嚴法師應該是吞下某些不得言說的苦衷，身邊的弟子並不知情。證嚴法師沒沒無聞，甚至貧無立錐之地，但是弟子有心跟隨。一九六五年農曆過年，紹雯從姊姊家搬來了；同年八月下旬，紹恩也來了。罹患小兒痲痹、行動不便的紹愈，則時常跟著祖母莊是老太太到這裏安單。

借住這裏之前，寺裏只住著廟公一人，師父就和他商量，請他住到小木屋，木板房這邊三個房間整個讓給我們住。三個房間的床鋪都很小，六呎四方，用木板釘，上面是草席。

師父的寮房兼做佛堂，長期護持師父的平慧永、莊是兩位老太太和孫女紹愈住一間；另一間則是德慈、德融等師兄弟及養女丹桂的寮房。偶爾還有其他人臨時來掛單，可見生活有多克難！
然而，暫時解決了居住的問題，生活才正要開始。

證嚴法師都蘭山奇幻之旅

「如果要利益眾生，師父一定要收弟子！」德慈說，師父必須要有人，才能一起做事；然而，在證嚴法師年少的流浪追尋中，其實是嚮往清修。

法師二次翹家，與修道法師流浪到臺東鹿野時，有過一段「都蘭山奇幻之旅」。這是一段迷人的故事，法師在講述時，雖然出現了奇人、仙人和山洞，可當時替自己化名為「靜思」的她，上山並非尋找仙人，更不是參觀別人的仙洞。

話說彼時，修道法師生病了，由於流浪期間欠缺營養，加上出走前剛動過手術。靜思將身上的項鍊拿去典當了三百元，與修道法師下山購買米糧，正好被修道法師的兩名弟子找到了。

修道法師的弟子說，他們的師父在寺院裏可是如何如何過生活，

意思是抱怨師父何苦帶著這位帶髮修行的女孩跑到這麼遠的地方來，害弟子們找得好辛苦！

「修道師若要回去就回去，我可是不回去。」我說。

修道法師也決定留下來，弟子們無奈，只好帶著師父到臺東街上，多補充些營養食品當作存糧。修道法師回來之後告訴我：

「明天早上準備便當出門。」

他說，他們師徒在回來鹿野的車上遇見一位「奇人」，那人說可以帶他們上山訪仙。那位仙人在山上的洞裏打坐修行，山洞在兩石之間，洞口非常小，只容一隻手掌伸進去；若是求仙的心意虔誠，即使肚子像女人懷孕那般，也可以進得去。仙人打坐時，旁邊有一條大蛇環繞，蛇身大如米斗；如果遇見好人，牠不會傷人，若是惡人則會吐出煙霧。

修道法師與奇人相約隔天在距離鹿野最近的一個小車站見面。

那人看起來像是走江湖的，手上還帶著番刀。一位年約六、七十歲的長者不放心三位出家人和一個帶髮修行的女孩，跟著一個走江湖的人到山裏，自告奮勇一起去。

走江湖的人走在最前面，老人墊後，修道法師師徒三個人和我走在中間，一行人必須先渡河（即卑南溪）。河面很寬又沒有竹筏，見對面有人渡河過來，肩上扛著腳踏車，愈到河中間好像快要陷沒了一樣。

「水這麼深又湍流，我們不要去了吧！」我說。但是身材高大走江湖的人卻說：「他們走得過來，我們就走得過去。」於是六個人，手緊牽著手橫越大河。

那條河是通往大海，在渡河時，我感覺雙腳沒有著地，好像漂浮著！當時我的頭髮很長，渡河之後頭髮都溼透了。接著開始爬山，來到一片高大密集的原始森林，有一棵巨大老榕樹，根座占地很廣，我們走了好幾個鐘頭，感覺始終還在這棵樹下。樹的氣根也很粗，地面很軟，鋪滿長年累月的落葉。

那個人提醒要小心樹上有青竹絲，腳下也要留意有蛇，還有不能出聲，免得驚動山裏的熊。也不要伸手亂抓植物，避免抓到「咬人貓」和「咬人狗」。我心裏也會怕，就跟修道法師說萬一迷山或迷路怎麼辦？

修道法師告訴那個人：「你走這麼快，我們跟不上。草非常多，你的刀子給我們，我們才能自己開路。」於是修道法師拿著刀，我們跟著走了六、七個小時，走到一處比叢林更令人驚嚇的地方！

我們遇上一座石頭山，山邊是很深的懸崖，山下的那條路有泉水流過，路面長滿青苔，很溼滑，沒有樹藤可以抓扶。那時心想，我們可以走得過去嗎？內心充滿恐懼。

接著又是另一個山頭。下去時，我的衣服和頭髮的辮子都被勾到，腳無法著地，實在很驚險！終於到了那裏，哪有什麼仙人？只見兩個上山採藥草的人在祭神，他們來採金線蓮。

那時天色暗了，也無法下山。兩位好心的採藥人有搭了兩間草屋，就讓兩位男眾跟他們同住一間，我們四位女眾住一間。隔天早上，那個江湖人卻不見了！那位長者說他年紀大了，沒辦法繼續陪我們走，要先下山，要我們也趕緊下山。於是採藥草的人指點我們不要再從原路回去，要從都蘭港下山。

他們帶我們走了一段，之後到達山下的公車站牌。我們四個人上了車，很多乘客盯著我們看——這女孩子怎麼頭髮長又亂，衣服勾破好幾處，出家人還拿著一把番刀。抵達臺東市，車站旁做生意的人都站起來，好奇地看著我們，還好安然自在走到延壽齒科（修道法師二哥開設的診所）。

張醫師見我們一群人進來，就問：「你們是從哪裏來的？」他接過修道法師手上的刀，搖搖頭說：「這支給我當劈柴刀好了！」接著訓了修道法師和我：「不要再亂跑了！」如果真的不回豐原，乾脆他每個月貼我們每人兩斗米，「你們到知本清覺寺修行好了！」張醫師果真貼了四斗米給清覺寺。

經歷這一段奇幻之旅，由於沒有找到適合修行的靈山，靜思與修道法師離開了當時借住的王母廟，從鹿野來到知本山上的清覺寺掛單。也就在這裏，「靜思」向打算帶他回家的養母與生父表明出家的志向，正式辭親割愛。

後來他初訪花蓮，見太魯閣山靈水秀，靳珩公園後方有一處清幽山洞，打算在那裏清修，因此提出用地申請。一九六四年三月，法師在慈善院講經期間，乘印順導師到花蓮來弘法，並參觀位在天祥興建中的祥德寺，法師敦請導師前往勘察那塊地。

印順導師以日照不足、陰冷潮溼，認為不是理想的修行之地，更不適合年輕比丘尼獨自修行。期勉弟子：「修行並非一個人在洞裏，一定要在人群中，不只自利，還要利他。」（註）

正式打消在山洞清修的證嚴法師，不久在即將結束慈善院講經的前夕，弟子紹愈、紹恩（德恩）、紹雯（德融）、紹意，還有紹惟（德慈），陸續在慈善院大殿朝師父頂禮。在他們皈依的那一刻，也將證嚴法師拉回了人群。

（註）《慈濟的故事：「信願行」的實踐 壹．靜思》，頁二二三、三三〇，慈濟人文出版社（靜思人文），二〇一九年六月。

一無所有，才能創造

師父規定弟子一律不能回俗家拿東西。要是沒東西、沒錢就要回家裏拿，這樣會養成依賴性。——德慈法師

大清早，德慈、德昭師兄弟出去摘野菜，看見一處稻田旁的田埂有許多「過貓」（過溝菜蕨），快手快腳地摘滿了一籮筐，那葉子真是鮮嫩！正高興自食有餘，拿一些去賣可以換點油回來吃，沒想到農田主人來告知稻田剛噴灑過農藥。

「我回去先煮一點來吃，如果沒事的話……」德慈打斷德昭的話，一籮筐的野菜瞬間倒掉，看見師弟一付快要哭的樣子。

「生活真苦，沒得吃。」德昭真的哭窮。

一床棉被，母女和解

德昭是證嚴法師在普明寺時期最晚來共住的弟子。皈依那時，師父已經借住在普明寺一年半，師徒借用寺方土地耕種，又兼做嬰兒鞋維持生活。剛成立的「佛教克難慈濟功德會」需要開源，才能濟助窮人。

德昭來自慈善院，該寺既有土地耕種又做縫紉代工，加上舉辦法會等，僧眾每月領有單金，他一來立刻感受生活條件的落差。

師父的寮房很小。我以前住的寮房很大，來到這裏只有兩張榻榻米併起來，再加上一小塊，四個人睡，無法翻身，也沒有棉被。

師父的寮房兼作佛堂，出家的德慈、德昭及帶髮修行的紹雯、紹恩四人，加上長期護持師父安單在此的平慧永、莊是老太太祖孫，以及德慈的養女呂丹桂，八人分住在另外兩個房間。到地藏院來拜拜或是幫師父做手工的女眾，有時也會臨時掛單，還是擠在一起睡。住眾愈多，吃、住更加捉襟見肘，雖不至於「飢寒交迫」，卻有著一定程度的忍耐。

許聰敏老居士送給師父一床棉被，另外一床四尺半長的棉被就給紹雯、紹恩。他們身高五尺，四尺半的被子蓋起來，腳都不敢伸直。我和德昭沒有棉被，只用布料車成一件毯子，莊是老菩薩送給我們一件棉紗做的大蚊帳，我們把它摺成六尺四方當作墊被，但冬天還是很冷。

德慈剛出家的前一兩年，體恤養母心裏「還很恨」，只要到市區辦事都盡可能「回家看一看；讓她罵一罵、消消氣也好。」這是他的孝心。儘管出家了，見到養母就像見到師父一樣，心存敬畏。由於養母不贊成他出家，做女兒的只有挨罵的份；那次回家探望，被養母罵得更凶了！

我回家向媽媽拿我以前蓋的那一床十斤重的棉被，她很生氣地不給，也不想理我。當初不希望我出家，我卻偏要。現在什麼東西都沒有，應該讓我去受苦一下，她才不管我。

講到後來，我也哭了，其實我也捨不得放下她，才會等到弟弟娶了媳婦再去出家。我說，我若是出嫁也必須離家。這麼一講，她就說：「好啦，去拿啦！」

一床棉被讓母女重提過往，也將彼此的心結解開，算是翹家衝突過後母女的第一次和解吧！德慈帶回棉被，養母的內心也起了變化。證嚴法師辦理濟貧的工作，令她對於出家人的刻板印象改觀；之後不但護持法師購買土地的經費，一九七二年還無償提供仁愛街一間很寬敞的房子，作為慈濟貧民義診所。

養母並非鐵石心腸，倒是師父嚴格立下門規：「一律不能回家裏拿東西！要是沒東西、沒錢就要回家裏拿，這樣會養成你們的依賴性。」

單衣薄被，生活寒酸

「師父本身沒錢，我們也沒有，又不能回家裏拿東西，那時候不知要怎樣過生活？」德慈說，缺少的棉被還不只他回家拿的那一件，德昭的一位親戚生病住院，出院後不想帶回家的那一床棉被，因為是人家不要的，才能拿回來使用。

一九七〇年，德融、德恩、德仰到臺北受戒，師兄弟進入戒場前也先去借棉被。

精舍的生活真的很克難，什麼東西都沒有。我們在臺北向仰師父的親戚借棉被，三個人借到兩床，一大一小。在雙十節進入戒場，臺北的冬天很冷，德仰把大的、厚的棉被讓給我和德恩，自己蓋小的薄被，結果隔天就感冒了！我說我比較不怕冷也不容易感冒，換成我蓋小被子。

德融說，當時彈一床棉被是依棉花價格計價，不像現在這麼便宜方便。借來的棉被在戒期圓滿後仍要歸還，德融還說起受戒期間發生的小插曲，足見他們在物質生活上有多寒酸！

在戒場，我們所有人的衣服都送洗。送洗回來要自己去領，只有我們三

個人的，不知道為什麼，人家幫我們送到床鋪。

五十三天後，等到要出戒場了，才有人說現在大家穿的僧服都是什麼布料了，「只有你們三個還在穿墨水染的！」

那時，師父說不會染衣服就不要出家，我們都自己用墨水染，布料就像白色的麵粉袋一樣。和當時人家穿的僧服無法相比，怪不得我們送洗之後是另外分開放。

大部分道場是購買布料做僧服，他們卻只能以墨水將白色胚布染色裁製，質料也單薄。「白布未經洗過就去染色，漿吃不進去，染得『花煞煞』也照穿，要再染也沒有時間。有一天大師父（修道法師）來，看到我們的花衣服，笑得……」德慈說話時不禁也笑了。他並不感到自卑，真實環境就是如此。

窮而有志，雙手萬能

師父規定弟子不能回俗家拿東西，但是他們的家人偶爾也會來精舍。德融的母親和姊姊們都學佛，功德會成立之後，家人除了農曆初一、十五，在每月二十四日的濟貧發放日也會來。

我們很窮。當時我還沒有出家，每個人只有三套衣服，開始種田之後，衣服天天換、天天洗，破了再補，都補得硬邦邦地，但一定會留一套新的，很乾淨而且沒有補丁。

農曆初一、十五和二十四日的照顧戶發放日，我們家裏一定有人來，每個月這三天要穿新的這套衣服，不要讓家人看見我穿破衣服。我從小個性像爸爸，寧可自己忍受，也不要讓別人看到自己怎麼樣。爸爸常告訴我們：「窮，也要窮得有骨氣！自己要認分，自己的福報只有這樣，不要去想為什麼別人有那麼多東西。」

換上乾淨的衣服，也將長髮梳理整潔，那時的他舉手投足散發出學佛人的莊嚴儀態，這是師父的「家教」，「我就算是粉身碎骨，也不會讓家人擔心。」德融的用辭很特別，家人永遠看不見的那兩件破補衣裳，自然不構成修行路上的阻礙。

德融在家時，和父親交談的機會並不多，決定跟師父修行，父親只託母親帶來一句話：「既然你要進人家的門，踏入人家的門檻，就要照人家的規矩。」等於將女兒交給師父調教了。

師父的規矩就是自力更生。為了成就僧眾的修行，德融重拾編織手藝打起毛線衣，雖然每半個月才能領到工錢，卻是他們在向普明寺借土地耕作之前，唯一可靠的收入。這也開啟靜思精舍以手工代工維持生活的開端。

吃地瓜根，配鹹豆腐

德昭自小耕作且相當勤奮，他種出的番薯、芋頭和青菜等作物相當肥碩，深信只要有土地耕種就不怕挨餓。師父向普明寺借了五分旱地種番薯和花生，德昭愛吃番薯，大師兄卻連一條大一點的，都不肯讓他們吃。

賣相好一點的番薯，大師兄一條也不剩地載往市區賣給餅店；賣了番薯，才有錢去買米和油等物資。如果沒有賣到錢，大師兄得端著碗向普明寺的廟公借米和油，等待下次收成有餘，才有能力還給人家。

「自己差不多只能吃番薯『根』，那時什麼都『沒』有！」德慈的「沒」字發的是第四聲，聽來像「臺灣國語」，口吻像是翻出口袋證明真的「空空如也」。

因為沒得吃，甚至必須向人賒借，大自然是他們最便利的「超級市場」。他們採集刺莧、過貓等，後來自己種些青菜；那時豆腐還是餐桌上難得見到的一道菜。新鮮買來就以厚厚的鹽漬，食用時取出切成小塊煎得酥酥硬硬的，指腹般大小的鹹豆腐足以配上兩碗飯了。

德昭說，配菜很少，因此煮菜會多放點油，後來才知道飲食上長期的重油、重鹹，導致膽固醇居高不下。每當他頭暈起來，簡直要撞牆呢！

苦日子的笑話，德慈和德昭都不約而同地談起這一樁。

早期什麼都沒有，很苦。煮個飯要燒柴，沒柴就去撿枯乾或斷掉的樹木。有一次認識的原住民女孩看我們沒有柴了，就帶我們到山上去砍柴。我們砍了人家種的樹，結果地主來了。「砍了我們的樹，你們不能跑！」我和德融等四個人，就乖乖站在原地。

修行人差點被當作是賊，真是無辜，「我們以為那個原住民女孩子應該知道哪邊可以砍柴。」一飽受驚嚇的他們認為也許自首無罪吧？

「快跑啊！怎麼這麼傻？還站在這裏等著被抓？」原住民女孩教他們先把木柴丟進水溝，人先溜走，等晚點再回去撿，這樣就沒有證據。

普明寺位在派出所旁邊，他們和警察都認識，在空手而回的路上遇見警察，不知是逃跑還是去自首呢！當然他們沒有被抓，回頭又去水溝帶回砍下的木柴。

自我犧牲，應許未來

德慈（紹惟）、德昭（紹旭）、德融（紹雯）、德恩（紹恩）、德仰（紹惺），五位弟子都是花蓮人，他們皆因證嚴法師來到慈善院講經而結下師徒緣，是師父口中與他一起開山拓荒的「第一代弟子」。

「我們來這邊，什麼都沒有。師父擔心弟子無法適應，一開始就對我們做了心理建設。」德慈記得師父這麼說：

在普明寺只是借住，生活還是靠自己。既然我們有緣，你們如果歡喜跟我，我的原則就是，生活要靠自己的雙手拚命做，用勞力來維持生活。第一代的人要有徹底犧牲的精神，要能吃得了苦、耐得了勞，忍人所不能忍。有辦法一天吃三餐，沒辦法就一天吃一餐。跟人家借住是不方便，將來要有屬於我們自己的地方。

「第一代的人要有徹底犧牲的精神。」是師父的期許，同時也應許：「將來要有屬於我們自己的地方。」

弟子們胼手胝足，種田也做手工。許多道場過著農禪生活也能自給自足，靜思僧團較為辛苦的是還沒有自己的道場就做慈善救濟；往往在自己的需要尚未滿足，師父卻將窮苦人的需求列為優先。

如此克難的情況下，僧眾不接受供養，師父還規定弟子不能回俗家拿東西。師父在嚴守自力的原則上，連他的俗家養母王沈月桂都大嘆無奈。

師父當年翹家不告而別，引起鄰里懷疑這個養女是不是在父後「捲款而逃」。為杜悠悠之口，養母偕同生父等親友當眾打開保險箱，見所有重要文件和貴重物品完好如初，其捨家的決絕令家人心痛！

師父出家後身無長物，養母到花蓮探望，他連搭公車到機場接機的一塊半都沒有，一路疾行如風。那時的他，面容削瘦卻目光炯炯，儘管身無分文，在與母親道別時，依然勇敢地拒絕了她的資助。

一無所有，無限可能

師父出家前自訂三個原則：第一，自力更生、不受供養；第二，不做法會、不趕經懺；第三，不做住持、不收弟子。不收弟子的原則已經打破了，為了堅持自力更生，「我吃過的苦，你們也要能夠吞下。」師父明白弟子們跟著自己出家，面對現實生活需要更多的忍耐。

師父在家不愁吃穿，家裏僱傭燒飯洗衣。離家後借住在小寺廟，蓋著髒破的被子，吃著摘來的野菜，也撿拾農民採收後遺落田間的小番薯和花生回來果腹。出家後，在普明寺後方小木屋獨自苦修，一天只吃一餐，每天只睡兩小時……皈依如此刻苦生活、精進修行的師父，弟子們也能做到嗎？

德慈三十歲翹家自行剃度後，曾為他寺的建院基金在外化緣，那半年體驗讓他自知無法忍受太長的飢餓，睡眠不足也會頭昏腦脹。一般人在家「居適」，出家修行可不容易。

「跟著師父修行」是理想，也是一生的決定；然而生活的逼迫不斷湧來，物質匱乏，求道之路也布滿荊棘。幸好德慈在家自小勞動慣了，「出家人就要能夠吃苦。苦修比較單純，一天一餐也照樣過，心安就好。」單純的他從骨子裏長出信念，血液裏有著拓荒者的拚搏精神。

「剛來，每天就為了三餐，真的很忙。」但德融認為：「出家不是來享受，而是來奉獻的。」他與師父的價值觀相近。

跟著師父修行一直過得很刻苦，最珍貴的是師父的教導。德融記得有次姊姊送來一些毛線，他正高興可以織件毛衣來穿，師父知道了便問：「那些毛線足夠讓每個人都織一件嗎？若只有你有毛線衣穿，那麼其他人呢？」德融一聽，立刻明白連這一點「多餘的好處」都不能要，趕緊將毛線還給姊姊。

師父的慈悲和平等心，是弟子們心靈最好的滋養；沒有比較，就不會感到不足。

僧團最艱苦的時候，德慈一提到過去，儘管經常苦著臉說著：「沒有辦法！」然而，年輕時所面臨的困境，只要勇往直前，問題終有解答。

早期我們這些弟子都是用一顆直心在待人處世，很安分地過生活。我們非常的勞動，也生活得很艱辛，但都沒有退轉，反而很堅定地跟隨師父。

許多人在人生高峰變得一無所有，風光過後只剩下嘆息；德慈、德昭、德融、德恩、德仰跟著沒沒無聞的證嚴法師，正因為他們一無所有，才能開創無限的可能。

參考資料：

《看見菩薩身影4：王沈月桂》，阮義忠、袁瑤瑤著，靜思人文志業出版，二〇〇二年六月。

晴耕雨織，借糧度日

做到快中暑，眼前一片黑，體力有限，但是用精神支撐身體就能度過。——德慈法師

德慈和一頭老牛對望。牠轉動著發亮的黑眼珠，輕輕甩動尾巴，四隻腳杵在原地。

「大概是剛借來，還沒有培養感情吧？」德慈童年躲避空襲疏開到富里鄉下，在那裏放牛吃過草。牽牛吃草有明顯的誘因，他並沒有駕牛耕作的經驗，因為無計可施，他發出懇求的目光。

我們種田，牛是向佳民村村長借的。老牛了，牠不走，我們也捨不得打，我就去要一點甘蔗尾來，讓師父拿著走在前面。鄰居的阿雨伯看了笑說：

「師父啊，你們是在玩嗎？我來。」

他叫牛停下來就「喔喔」，叫牠走就「喂喂」，叫牠左轉或是右轉就控制繩索。我也是鄉下孩子牽過牛，知道要利用繩索控制，可是老牛不走也沒有辦法。若拿起棍子就算沒打，對出家人的形象也不好啊！所以才會用甘蔗尾誘惑牠。阿兩伯會駕牛，棍子一拿來，牛就乖乖走了。

全然的門外漢，耕田鬧出不少笑話，德慈三言兩語帶過，不忘當年疼惜他們的農友，「阿伯教我們種番薯、芋頭，看我們不曾種田又是女眾，所以很幫忙。」為了自力「耕」生，靜思僧團自一九六五年開始農禪生活，而粗重的農務宛如牛軛加身，幸好當時他們都年輕力壯。

新手上陣，開山拓荒

證嚴法師師徒六、七人，三餐靠著採野菜也種點青菜來吃，米和油必須花錢買。同住的平慧永、莊是老太太偶爾買點食用油來，米缸空空時，只好先向寺方商借。

為了生活，德融重操舊藝，從市區拿毛線回來打毛衣，半個月結算一次工資緩不濟急，至少有點收入償還賒借的米糧。有借有還，再借不難。

看著德慈經常端著鍋子去借米和油，證嚴法師提議耕種；種番薯可以當主食，花生收成也能換點食用油，這樣的生活比較有保障。普明寺後方有一塊土地荒廢日久、雜草叢生，證嚴法師借用這五分旱地，連牛和犁都借了，花生種子也說好借半包，收成時還一包，加倍奉還當作利息。

德慈在家種過菜，沒種過花生、番薯及玉米這些旱作。不諳農事的他向農友請教，才知道花生種子撒進土裏覆蓋後必須用腳踏實，才不致下一場雨就讓種子裸露流失，或成為小鳥的食物。

德融出身農家，小學畢業就外出工作，農務經驗很有限，二十出頭既要手編毛衣也重拾農活，始料未及卻也認分；德恩自小在家持鍋鏟，做事不急不徐、順順當當，從不諳農事開始學。師兄弟剛扛起鋤頭到太陽底下工作並不習慣，但一想到師父說：「第一代要徹底犧牲！」他們沒有退卻。

隔年，開山拓荒的隊伍加入了種田高手德昭。他本來要離開花蓮，德慈知道他擅長農事，極力挽留這名大將。德昭歡喜助人，見師父這裏人少，生活艱苦，若能跟著心儀的師父修行，又不嫌棄他不識字，反而看重他的專長，很樂意留下。

證嚴法師年輕時曾在臺中豐原慈雲寺掛單，在修道法師住持的道場跟著常住種稻。插秧、挲草（註）、收割，一期稻作下來，當不勝體力時，他暗地叫苦：「我為什麼要到這裏來？」然而勞苦得到的收穫不只是稻穀；他體會只要專注眼前堅持做下去，事情並沒有想像中的困難。而這也成為他日後開創慈濟志業重要的信念。

「出家是我的志向，但是道場的生活不是我理想中的。」法師年輕時聽見養母的朋友說過，身上沒帶錢就不好意思到寺院等語。大概是一見到出家人若非供養，至少也會打齋或「添油香」投入功德箱。後來在慈雲寺掛單，他了解道場的生活運作，與修道法師討論時表達出不同的看法。

此時，證嚴法師師徒正在經歷另一番有別於傳統的道場生活。

晴耕雨織，左右開源

種田必須除草，否則收成無望，光憑師兄弟那幾把鋤頭，還是難敵雜草生長的速度。他們委託鐵匠製作釘耙，大約二十公分寬，釘子五公分長，只要讓牛拖著釘耙便可以大面積翻鬆土壤除草，可惜借不到牛。

德昭、德慈一前一後設法以人力拖動釘耙，在後面控制釘耙的人還得壓上自己的重量。儘管兩人年輕力壯，還是大嘆人力無法和牛相比。

甘願做牛，連翻土都不易；而駕牛耕田，若是犁頭碰到石頭跳了起來，想讓牛拖著犁調頭重來，簡直難上加難！天氣熱，德慈急如熱鍋螞蟻，「內煎外熱，幾乎要休克，想到如此辛苦仍然還不了債……」他的心像被針搓了一下，洩氣般蹲在地上哭泣。

他們種田，得購買種子、肥料，偶爾也要僱工鋤草。為了應付這些開支，他們向工廠收購使用過的水泥紙袋，拆開擦拭後再剪裁糊成小紙袋，賣給五金行使用。拼拼湊湊賺點工錢不無小補，可是工作時滿室的塵土飛揚，兩個月後師父喊停。他不捨大家一付灰頭土臉的樣子，更擔心長期對健康造成不利的影響。

德昭來的時候，功德會已經成立了，幾名家庭主婦日存五毛錢加上積極募款，會眾點滴增加，逐月提報的慈善個案數也在增加。證嚴法師的養母王沈月桂到花蓮來，在濟貧發放日見到小小的普明寺幾乎快要容納不下，建議師父找找附近合適的土地，她可以出錢買下，一來可以耕種，日後有錢了再蓋道場。

德慈說，師媽心疼師父當年未帶分文就出家，發願有朝一日要護持師父。

德昭、德融跟著介紹人看過幾塊地，最後看中普明寺附近的兩塊土地。師媽前後買下九分水田和六分旱地，由於一時還湊不到全額，最後不足的三萬一千元，以土地所有權狀向銀行辦理抵押貸款，由僧團按月償還。

種田沒有固定收入，貸款卻必須按月繳交，加上功德會每月濟助貧戶的費用也在增加，掌管僧團收支的德慈面臨負債的龐大壓力，形容自己的頭開始「膨脹」！

夜半巡田，看天吃飯

普明寺的五分旱地，加上師媽剛買下的一甲半土地，德慈的弟弟在普明寺附近也有一甲的果園，空地借給他們種花生。師徒五個人耕作三甲地，種豆種薯，種芋頭、玉米及稻子，光是花生最多還種到一甲地呢！

三甲地有多大？以籃球場面積換算大概六十九座。當時沒有機械全靠人工，他們連僱工都不太捨得花錢。早上吃過稀飯，牽著牛、扛著犁下田，還不到近午便餓得手腳發抖。德慈跑回普明寺在廚房找不到東西吃，倒杯開水沖泡一點豆鼓喝下，肚子還是餓，拿出兩塊菜脯吃下去又繼續下田去。

耕種以外，一方面還做手工，修行功課也完全依照板聲，難怪身為大師兄的德慈往往嘴裏還含著一口飯，催促「快點！快點！」他說：「以前人很少，我們做事都是『衝』出來的！」

他們在新買的土地種稻，夜間灌溉必須輪流起來下田放水。師父交代外出必須兩兩作伴，相互照應，而且要穿上雨鞋以避免蛇咬。出家人三點多上殿做早課，有時巡完田水回來剛好銜接上，一個晚上也沒睡幾小時。

「我比較重眠，愛睏加上經常跑外面，還好德融和德昭經常幫忙放水，否則我沒睡好，第二天就『馬西馬西』（意即頭昏腦脹），不能好好工作了！」德慈感恩師兄弟的體貼。

那時生活艱難，他們每人只有三件衣服，下田工作汗流浹背，利用午休換穿另一件，有時沒有衣服可換，即使六月天也要換上長袖棉質的衛生衣。如牛似馬熱難當，德昭說，有一次全身溼透像從水底撈上來，師父見著突然問：「是不是掉到水裏？」

種稻之後，不時聽聞農民發生農藥中毒事件。德慈心想，若不施藥，病蟲害也會影響收成。一天，他背著的農藥桶傾倒，藥水從肩膀淋了下來，「大概是心理作用吧？整個人感覺強欲『馬西馬西』（意即昏倒）！」他笑。

種田另一個害怕的是毒蛇咬傷。蛇在夏天喜歡躲進稻草堆，附近一位老伯打赤膊紮稻草，當他把草束拿起來，一條蛇受到驚嚇朝他肚子一咬，送醫不治。大概心裏留著這個陰影，某日，德慈在挑稻草乍見一個黑影閃過，其實沒看清楚，「啊！」地大叫一聲，一旁的農民還以為他被蛇咬中呢！

血本無歸，債臺高築

務農耕作，種植面積愈大才可能增加收入，「做！沒有關係。」德慈咬牙堅持。可惜首次種稻欠缺經驗，將收割時，德慈站在田裏無語問蒼天！

從插秧、除草到灌溉，他們不懂的就向農民請教。得知稻子在第三次拏草之後最好再施一次肥料，結穗才會飽滿，便照做施了肥。收割前的一個半月，稻田一片綠油油地，德慈正開心將會有好收成，一位農民經過，「師父啊，你的稻子施肥過量，怕會影響收成。」當時他還半信半疑，不久真的發現稻葉開始變色並且下垂。

稻米將在九月收成，一年一度的中秋節到來，師父固定回豐原為師媽祝壽，德慈隨行。二十天後回來，他滿懷希望到田裏一看——綠豆色的稻穗又變色了！這次是轉黃又變白。稻株沒有結穗的，稻稈豎起；已經結穗的，因為肥料下得太重，稻穀布滿黑色斑點，染病之後大多傾倒。

德慈巡視了一圈，「我該怎麼辦？該怎麼辦呢？」他哭了！

「那時離開家才兩年，在家不曾握過手頭（管理財務），師父說要自力更生，甘願做就沒有壓力，靠勞力維持生活也能鍛鍊身體，但是不曾欠過人家錢。那時一斗米才八十二元，買土地背負貸款三萬一千元，真的是很多錢！」

「希望都泡湯了！看著天，我的心都碎了，很酸也很痛！三萬一千元的債務該怎麼辦？沒錢還要付利息，每一萬元的貸款每月要付一百二十元利息；肥料的錢也是借的；又要付大租（收成的稻穀按比例繳交公糧）和水租（灌溉水費約一千多元），加起來不少錢。」德慈全然不懂如何估算稻穀的收成量，滿心以為只要稻米收成了就可以還清負債，甚至連這一期的稻種、肥料錢等都可以償還。

他天真到徹底被現實打敗了！

看著大部分的稻穀脫殼時隨風飛散，那是他們一季的心血；而帶著黑色斑點的稻穀碾出來的大多是碎米，幸好當時碾米所的黃先生安慰他：「師父，沒關係，都收割下來，我仍然以最好的價格向你們收購。」儘管如此，收成之後足足虧損一萬元。

硬拖硬磨，患難真情

累計負債高達四萬一千元，壓力很大卻沒有時間用來沮喪。耕作時，德慈形容「做到快要休克」，他們到樹下喝杯茶休息一下都能再戰。

「我們割稻不是慢慢割，是兩三株一把拉過來，半蹲站割得沙沙叫！」德慈說，師兄弟四人整天割稻，僱用兩名原住民幫忙背機器桶，他們用腳踩著機器脫去稻殼，結果隔天兩腳硬邦邦無法彎曲。

「做累了，用熱水敷腳再擦萬金油，照樣繼續工作。」與原住民一起工作，德融也說：「不能輸人家太多。」賣力的結果，每天一覺醒來，走路兩腳「開腳弓」（肌肉疲乏痠痛），都站不直了還是不休息。

「除非你親身經驗，否則感受不到，那日頭曬下來幾乎要昏過去！啊，終於熬過來了！」德慈鬆了一口氣，這一嘆，不禁過了五十多年。他想起師父早年在豐原慈雲寺割稻，隔天起床膝蓋痠軟到直接跪在地上呢！

師父不僅體會弟子種田的辛勞，心裏也不捨，乘送去茶水和點心，弟子休息時，他幫忙割稻。

「他割一下，我們就接過刀子；又去踩機器桶，我們也趕緊去接；又去捧稻束……」德慈說，師父患有先天性心臟病，那時功德會已經開始做救濟，師父不只要對會眾開示，還必須出外訪查貧戶，農忙時一起採花生、割稻、打穀及曬穀。師父虛弱多病但毅力驚人，然而他們不能讓師父累出病來。

一九六九年五月靜思精舍落成，隔年才來出家的五師兄德仰，專長縫紉，慢工出細活的他，在農務方面較不擅長，往往被指派乖乖顧家。

有時想跟著去田裏鋤草，他們都做得很快，我做不來、不會鋤草，就會問慈師父什麼時候要回去？他們都做到另一頭了，融師父還要回頭幫我。

我大都是做衣服，比較少跟他們一起務農。做衣服之外，我也煮飯。煮

飯是來這裏才學的，融師父、恩師父都會幫我。慈師父跑外務比較忙，昭師父顧菜園，我在衣坊間。

農禪生活，濟世利生

「換個工作就是在休息。」證嚴法師經常這樣說。

師父平日看書、寫稿，從書房走出來就和弟子做手工。弟子為了讓師父休息，有時趕緊將縫針藏起來，「我們跟師父說沒有針了，師父就『喂』一聲，再『喂』一聲，我們就趕緊把針拿出來。」德昭笑說，他還曾經暗地和師父比賽縫棉紗手套的速度，心想自己每天在做，沒想到師父的速度勝過他呢！

「我們這一輩生長在農業時代，比較耐勞，畢竟是在艱辛中磨鍊出來的，內心比較堅定。」德慈說，後來的師兄弟們沒有經歷這一番磨鍊，生活也比較安定，自然無法體會開創、建立道場和慈濟志業的辛苦。

他回想以前在家，房子是自己的，也有三甲多的土地耕種，不愁吃穿；沒想到跟著師父，「生活負債，壓力很大，每天都在想：沒有錢，怎麼辦？」「現在生活安定，我們以前什麼都沒有，累了也不能不做，用精神支撐身體。」德慈晚年與師兄弟說起昔日的農禪生活，欣慰地表示：「跟隨師父五十多年，早期都是苦出來的。好在年輕時身體健康能拚命做，現在有個安定的地方，感覺很幸福也很滿足。」

證嚴法師出家後沒有依止道場，帶著弟子們自力生活很辛苦，但在他們的堅持之下，證明是一條可行之路；而在刻苦的環境中，他們還創立克難慈濟功德會。這個由比丘尼僧團所開啟的本土慈善組織，本著佛陀慈、悲、喜、捨的「四無量心」，在法師的帶領下走出一條不同的道路。

（註）塗草：將雜草連根拔起，再塞回土中，成為肥料一部分。

「農禪並舉」與「叢林制度」

「一日不作，一日不食」的農禪行持典範，代代相承，大抵以《百丈清規》作為漢地僧團共住共修的規範。

佛教自印度傳至中國，「三衣一缽，遊行乞食，樹下一宿」的教制，未能如實相應於中國國情和民俗。中國人重視農耕，較無法容許乞化生活；而嚴冬氣候更不適於四處遊化、路邊一宿的生活，於是逐漸形成定居式的僧團制，遂有叢林制度的產生。

中國最早制定僧團生活規範者，首推東晉時期的道安（西元三一二～三八五年），但僅為雛形。而禪宗從菩提達摩到三祖僧璨都是行頭陀行，隨緣而居，無所定處；直到四祖道信（五八〇～六五一年）「擇地開居，營宇立象」，即選擇地方，開創道場，造寺院、立佛像，號召門人採取「自耕自給」的農禪方式；當僧人的生活有保障時，佛法的傳播也更為有利。

到了五祖弘忍時期，「法門大起，根機不擇」，僧眾愈來愈多，也延續這樣的自給自足。而傳至唐代馬祖道一（七〇九～七八八年）乃開創叢林制度，開闢荒山，成立道場安頓僧眾，並延續禪門的農禪風氣。及其弟子百丈懷海（七二〇～八一四年）加以發揚，創立叢林清規，中國的叢林寺院制度才逐漸形成具體完備的規制。所謂「馬祖創叢林，百丈立清規」，為後世漢傳佛教的發展影響深遠。

就僧團生活而言，中國的寺院不僅成為僧團的固定生活住所，另一方面寺院在住持的領導下，全寺採取分工合作方式，人人各司其職，彼此照顧。執務有文有武，有內務有外務，有執綱紀有執眾勞，有任教育有任幕僚，領執者完全立於為眾僧服務的立場，共同維護僧團的和合共住。

單騎闖蕩的大師兄

德慈踩著他的「風火輪」，單車騎過日正當午，也踩進夕陽餘暉，憑著一雙腿和一張嘴，賣力為常住帶回「生活」。

布袋一捲，德慈欠身走出市區的餅家。布袋空空、口袋也空空，想到米缸空空，回去只好再向普明寺借米了！

這一期的番薯營養不良賣相差，掘了一上午，好不容易湊到一袋六十公斤左右，路上顛簸，加上在爬坡路段衝不上去，腳踏車傾倒，番薯連摔三次，他怕老闆拒買，不敢立刻算錢。

為僧團帶回生活

番薯收成後，挑選賣相好一點的裝入布袋，那一大袋都超出德慈的體重了！

我載了一包番薯準備去賣，賣了錢再去買米。那次種得不漂亮，有的彎彎的，半途摔了車，一個人扶不起番薯又掉下一次，經過忠烈祠前方的吊橋，騎不上爬坡又摔第三次。「這些番薯不漂亮，小條又摔得一塊塊，處理很費工而且量不多。」看見餅店老闆說話時皺起眉頭，我不好意思，拿起布袋捲一捲就離開。

德慈來回市區，行經路線是美崙山下的產業道路。當時還是牛車走出來的軌跡，又稱作「牛車路」，兩側輪胎走過的地方深陷，中間路面布滿許多大大小小的石頭，車行相當顛簸。

那地方很荒涼，沒有路燈也沒有鋪柏油路，「牛車溝」很深，載重一百多斤有時騎到沒有力氣，整個人「烏暗眩」（頭暈目

眩）。有時車子把手沒抓穩，前輪撞到石頭，車頭朝天，番薯就掉落地上。

腳踏車若是翻落到牛車溝，沒有力氣把它抬起來又沒有人經過，試了三、四次還是不行，只能一個人哭……

在陡坡，德慈沒有力氣衝上去，中途停下也沒辦法用煞車將車子穩住，彎彎、小小的番薯根本不禁摔。

「歹勢！這次因為需要錢，番薯還沒長好就先割了一些番薯藤去賣，才長得不漂亮。又因為土質的關係，番薯鑽不進土裏，長得彎彎的，半路摔車又摔成了兩半。」買賣講信用，德慈照實向老闆說明。

「番薯不漂亮，價錢隨便你算，便宜一點沒關係，過幾天我再來拿錢。」德慈擔心老闆不要這些番薯，但他不能沒有這些收入，走出餅店時含著眼淚，只能等待下次番薯收成再來和老闆結算，才有錢買米還給普明寺。

一輛腳踏車、一雙腳加上一張嘴，德慈應對外務，為常住帶回生活的希望。那一路不只辛苦，回程天黑，路上沒有行人，師兄弟心目中勇敢的大師兄，心裏也會害怕。

十一、十二月冬尾天，五點多，天就暗了，賣了番薯、芋頭再辦事，買點東西。有時很晚了，從小山路回來，產業道路一片黑漆漆。一邊是美崙山，一邊是美崙溪，我從中間的小路走，一心想要趕快回來。

從忠烈祠到北埔變電所那一段路，沒有住戶，路旁只有一座廟。趕著山路回來，腳踏車沒有車燈，好暗！那一間廟裏放了三個骨灰甕，晚上騎經那裏，頭殼都膨脹起來！想起小時候聽鄉下老人沒事談論著那些「鬼阿古」（鬼故事），就怕真有東西跑出來！

德慈每次經過那裏總是加速快衝。某個月夜下，他已經開始加速，卻看見廟前站了一個穿白色衣服的人，莫非是……他感到害怕，打算硬著頭皮衝過去。

「啊，師父！」德慈聽見白衣人一叫，差點跌下車來。

「你怎麼這麼晚？」德慈認出這位太太的聲音。她說在路旁等她先生。

一般人大多怕鬼，德慈年輕時候也是，而他寧可忍住害怕，也不讓師父擔心。冬天再晚，都抄這條小徑，至少可以提早十幾分鐘回到普明寺。

「師父有心臟病，我想要趕快回來以免他擔心，還有三位師兄弟也等著我。」

大師兄拋頭露面

靜思僧團從未設立「監院」或「當家」這樣的執事，然而大家口中的「大師兄」德慈，角色吃重、責任多重。當年唯一的代步工具只有一部腳踏車，後座必須裝載物品，師父的大弟子注定成為「獨行俠」。

在僧團自力生活的生產線上，德慈既是生產者也是銷售、送貨員。耕田以外，他負責採買代工的生產原料，也負責成品的販售及交貨。若需技術，還必須先去學會了再回來教師兄弟，相當於身兼廠長、採購、研發兼品管及會計吧！

他是唯一的對外代表。載送農產品到市區何不搭公車？一來僧眾連搭公車的零錢都經常付不起，而且公車站牌以外的路程，前前後後得用人力挑，德慈的體力唯恐吃不消。

一回，為了到吉安的花蓮農改場載回沖繩新品種的番薯藤，德慈一人載不了，向鄰居借來兩輛腳踏車讓師父和德融也一起去載回。

當時的道路不若現今便捷，吉安在花蓮市的南邊，路途更遠。回程各自載重，他們踩到腿痠，自忖無力運回新城，只好拜託市區的慈濟委員開車幫忙運送。

花蓮早期的委、會員親近法師，進出普明寺無論是參與慈濟功德會每月的濟貧發放，或因信仰在農曆初一、十五前來禮佛，對於僧團生活愈了解，基於佩服，儘管師父不受供養，她們換另一種方式來護持。

人脈廣的德利豆干店老闆娘靜慈（吳玉鳳），見僧團種植一大片番薯，還沒等到收成，就請師父採收番薯葉讓她拿去賣，藉以增加常住的收入。在番薯收成前，無論是割番薯藤賣給養豬戶，或是採番薯葉出售，雖然增加點收入，卻影響收成的品質。日子似乎就這樣在「挖東牆、補西牆」中度過。

出家前，德慈打開家中抽屜就有錢買東西，他以「呷飯桶中央」，形容自己是生活從來不知欠缺的人。出家後，他開始賒米糧也向人借貸，不只賣番薯、芋頭，精舍所做的代工，部分必須自行銷售；除了靠委、會員熱心詢問，德慈載著不同品項的成品到店家兜售。點滴積攢，同時也練就了對外交涉的能力。

「不能不做，不做就沒得吃。」現實的驅策是他前進的動力，連猶豫的時間都沒有。師兄弟中有人認為大師兄的個性「外向」，事實上他的本質內向、安靜，只是「大弟子」的角色賦予他闖蕩的勇氣。

他必須為僧團拋頭露面。

毫不猶豫去行動

年輕、瘦弱的比丘尼走進警局，同時有好幾雙眼睛注視著他。

「是來問路？還是要報案？」警察帶著狐疑。

「請問：你們分局的電話是否可以幫忙接通花蓮的佳民派出所？」德慈表明來意，瘦長的臉上綻露微笑。

靜思精舍大殿已經灌漿了。證嚴法師之前委託惟勵法師代訂的鐘和鼓必須取回，才能配合天花板的施工進行吊掛。不巧惟勵法師正在閉關，一時聯絡不上，他們只知鐘、鼓在臺北訂製，三重有人在「翻沙」鑄鐵，應該是在那裏製作。

徵得師父同意，德慈帶著這個任務坐上許聰敏老居士所開設貨運行的貨車，直上臺北。他沒有店家地址，先搭公車到三重，在公車上探問，於某站下車後再打聽。

得知錯過了幾站，他往回走幾個路口終於找到。鐘已經鑄好了，師傅建議若能加大五吋，聲音更好。

「多五吋，萬年久遠。」德慈認為事關重大，不敢擅自作主。

當時電話聯絡不便，才會想到透過附近警分局提供便民服務；一通電話順利請示了師父。

找到鐘，再問製鼓的店就不難了。當天事情辦妥，時間已晚，養母在臺北有個結拜姊妹，他借住一宿才返回。

「做事能累積經驗。但是現在的人還沒有做，就擔心、退縮。」多年後回顧往事，由於環境使然，「以前我們要做什麼，就算不懂就去做。」德慈形容自己做事「阿沙力」（果斷、明快），聽起來類似〈為學一首示子姪〉中窮和尚到南海朝聖的故事。

話說那一路來回，貨車在中途蘇澳休息，他下車隨意找個地方用膳，點了一碗麻油炒飯和豆腐味噌湯。

老闆娘好心加了一點綠色青菜，上桌一看才知道是蔥。已經煮好了，不吃也可惜。我把蔥撥一邊，喝下豆腐湯，跟老闆娘說：「如果以後有出家人來就不要加蔥、韭菜，這些算是葷食。」

「我的心沒有吃。」此話足見德慈外圓內方的個性。

肩負責任而闖蕩

慈善濟貧個案逐漸增加後，精舍添購一輛機車，德慈載著師父到案家訪視，上山下海便捷多了。《慈濟》月刊出刊後，他用機車送到郵局；生產的作物或是代工所需的棉紗材料等，這輛機車不但載得多，也省力多了。

他想起一次騎車載師父出門，途經一處，路旁有棵大樹，路面突然變窄，他沒注意。還沒騎到那裏，師父已經自行跳車，等騎過那個路段，他才感到後座好像沒人。那一次師父責他粗心。

又一次載著芋頭上路，突然車身搖晃起來，德慈幾乎穩不住把手，聽見馬路對面有人緊張得忍不住大叫，才想到是機車爆胎！心裏驚慌應是超重，「幸好那時年輕，吸一口氣、鎮定一下，終於把車身穩住停下來。」他說。

晚年，德慈到田裏摘菜或到陶慈坊做事，或替師兄弟和志工送點心等，雖然只能靠著一部電動代步車風馳電掣，還是得以滿足他對常住的關切。

昔日的闖蕩清晰留在記憶中，在講古時，光是踩著腳踏車以物易物的經歷，威風未減！年輕小輩聽起來莫不覺得就像哪吒踩著「風火輪」一般神氣！而這一切，都是為了替師父承擔。

三十歲那年，德慈第一次翹家，在花蓮太魯閣長春祠附近的山中小屋獨處，心裏雖有害怕，一心出家的信念讓他安然通過了考驗。

經常性的單獨，讓大師兄比別人多出勇氣與判斷的能力。他單騎闖蕩，踩過日正當午，也踩向落日餘暉；當穿過黑夜，還沒有回到精舍之前，心中的一盞燈火早已讓他溫暖了起來。

夢想中的佛學院

天天工作，什麼都不懂，很想去念佛學院。可是，如果我們都去念書，精舍就沒有人做事了。——德融法師

證嚴法師只有小學肄業，出生在一九三〇年代，二戰後期美軍大舉空襲臺灣，她正好就讀小學。八歲的法師與群眾擠靠在防空洞，聽戰火呼嘯，人們在祈求觀音媽。

同時間在花蓮，大她三歲的大弟子德慈，跟隨養父母疏開到花蓮南邊的富里。空襲炸毀養父的部分房產，也將她的學習炸成片段。她錯過小學五年級，戰後直升六年級，課本也從日文換成中文，從注音符號「ㄅㄆㄇ」學起。

光復以後，她的養母做了一點米糧生意。德慈每天早上煮飯、打掃及清

洗杯碗等，弟弟得剁菜餵了雞才能去上學。她常看著弟弟早已出門，等到自己也將家事做好，「阿月仔，你去撿柴、採一點刺莧。」她經常被養母叫住。

> 我應該要說：「馬上去！」但卻在後面跺腳偷偷地哭。上學經常遲到，錯過老師點名，被記曠課。期末發成績單，沒有我的，老師問我：「為什麼一個學期缺席一大半？」準備把我留級。
>
> 我哭了！老師叫我請媽媽來。我趕緊回家請媽媽來學校說明，證明我是去撿柴，只是遲到而已。我也向老師道歉。所幸沒被留級！
>
> 國語、自然、社會這些學科成績，我都不太好，只有美術、音樂、體育、書法這四科還不錯。養母重男輕女，弟弟很乖又會讀書，她栽培他到大學畢業；而我小學畢業就留在家裏煮飯、洗衣。

德慈的基礎教育並不扎實，也自認不是讀書的料。接近三十歲時，她擔心學習力一年不如一年，再不快點出家，要學什麼就難了！於是先斬後奏自行剃度，他告訴養母出家後要先去念佛學院。

佛教不是迷信

既穿上僧服，他和沒念書也不識字的二師兄德昭都有著深切的不安，擔心「出家人什麼都不懂」會讓人瞧不起，而且也有失佛教的面子。

早期的臺灣社會，佛、道教不分，德慈受家庭環境的影響，遇到健康問題，養母都叫她到廟裏祈求平安；相親的對象合不合適？收個養女好不好？這些人生大事也都虔誠寄望神明給予預言或應允。

在養父生病後，她勤走王母娘娘廟祈求與請示，那裏有乩童扶鸞，她還從廟方拿回特定紙張，以圓規畫圖後仔細摺疊，幫忙製作平安符呢！自行剃髮後，他到王母娘娘廟學誦經，聽說有法師來到慈善院講經，他希望學習正統的佛法，「弘法利生」才是他出家的目的。

初次在慈善院見到證嚴法師，德慈自覺對於佛法一無所知，因為欠缺話題，他突然想到剛從王母娘娘廟那裏聽來的一個「天機」。

「師父，王母廟那裏的乩身出乩，說地球的中心已經像火在燒，開始熔化了！」想像人類居住在一個火球上面應該很危險吧？他方才為此而擔憂，不意看見證嚴法師掩嘴笑了！

「那時我就知道師父不迷信，不敢再講下去。」德慈說。

說來有趣，五十多年前這則預言，如同證嚴法師近年來時時擔心的「地球暖化」現象，因而不斷呼籲大眾節能減碳、環保茹素以愛護地球。

話說證嚴法師帶著弟子來到普明寺修行，在佳民村原住民部落宣教的天主教修女也來拜訪，她們對於佛教的看法認為就是「迷信」。而這也足以說明，當德慈成為一名僧侶之後，有多想建立穩固的佛學基礎，以補不足。

師父親自調教

證嚴法師雖然只受基礎教育，但經常看書、買書自學。喪父之後，她接觸佛法，親近臺中豐原慈雲寺並在寺院掛單。期間，她聆聽住持修道法師宣講佛經及《大學》、《論語》，也讀過印順導師的《佛法概論》，與僧眾耕作時更把握時間默背古文和經典，往往農事做完，書也背好了。

除了受教於留學日本的修道法師，證嚴法師精進用功，累積了日後講經說法的養分。兩人流浪花東時，修道法師以講經換宿，他們還在臺東的正東電臺聯合主持一個布道節目；由修道法師主講《法華經》，還是居士身、化名「靜思」的證嚴法師，則搭配講述《阿彌陀經》中的故事。日後講經，證嚴法師善於譬喻並非一朝一夕，這也成為他弘法的特色。

此外，師父重視弟子們的教育，這是為師的責任。德慈說，在慈善院皈依之後，師父到基隆海會寺結夏安居三個月。即使出了遠門，師父經常寫信回來，一封封家書個別寄到弟子家中。

「四書」裏面的句子，師父以十行紙在上面打橫格寫在第一排，讓我們在下面練習抄寫。師父教我們第一遍用鉛筆寫，接著用鋼筆，最後再用毛筆寫，一張紙等於有三次的物命。

師父認為，從寫字可以看出一個人的個性，常說：「寫字要端正，用字體來彰顯人格。」我寫字「飛飛」（即龍飛鳳舞、不夠工整），師父說我「散散」（指個性散漫）。

師父還要我們寫日記。德恩的日記寫得很好，要我寫一篇文章，好像頭殼要膨脹起來！

師父雖然不在身邊，卻很有責任感；不輕易為人皈依，一旦皈依，他就負起為師的責任，關心我們是否用功。而我們很守本分，許老居士家有一間倉庫改建的小木板房，我們三人（與紹雯、紹恩）每天晚上都會一起共修。

後來紹雯北上海會寺，在師父肋膜炎舊疾復發期間親侍湯藥，日夜悉心照顧。師父撐著病體照常聽經，還給紹雯派了功課，要她每三天誦一部《地藏經》，每晚禮拜《大悲懺》。

海會寺道源長老為僧眾講述《大乘起信論》、《圓覺經》等，紹雯也和師父一起聞經熏法，但是那些經文對她來說過於深奧。「腦袋硬邦邦地，聽不懂。」她自認程度不佳。之後大師兄紹惟從花蓮來探望，師父也鼓勵他留下來聽經。

弟子勉力學習

五大弟子跟隨師父開山拓荒，就像出生在艱難家庭的長子、長女，必須提早承擔家計而犧牲求學的機會。大弟子德慈說，師父是外地人，身體又不好，來到普明寺就開始刻苦的生活。

「我們人很少，不做就沒得吃，必須打拚才能自立。我只想如何生活才能安身立命。」德慈說，師父體會弟子的辛勞，但也利用晚上教授他們佛經和「四書」。

「天天工作，什麼都不懂，就很想去念書。」德融說，師兄弟都想去念佛學院，但是環境不允許。「如果我們都去念書，那時精舍就沒有人做事了。」他道出現實的問題。

證嚴法師年輕時本來也有機會留學日本。他接受日本佛學院研修生的函授課程期間，同時帶著弟子在普明寺修行，面臨函授班最後一年的面試機會，「他的同學來詢問，什麼時候要去日本？師父思考很久，最後決定放棄。」德融說，他們了解師父內心的掙扎。

學友惟勵法師一再鼓勵他去留學，但為了延續慈善工作，並顧念弟子的慧命與生活，證嚴法師放棄了，令學友感到惋惜。眼看著師父放棄難得的研修機會，德慈、德融、德恩也打消念佛學院的念頭。

生活的重擔壓在肩上，師徒放棄了學院的教育，證嚴法師對弟子幾乎採取了統包式的教學，包括早晚課誦最基礎的誦經與梵唄。德慈說——

一九六四、六五年，師父成立功德會前，這一年多當中，親自教導我們。

有人問師父念過什麼書，為什麼那麼厲害？師父有時幽默地說：「我沒念什麼書，不過我念的是『前世書』。」

修道法師的唱誦很好聽，我也不知道師父是不是全部跟他學的？師父教學嚴格，不容偏差。梵唄起腔一定要百分之百師父教的音，如〈爐香讚〉剛開始「爐——」是個半圓形捲起來的音；師父的中氣很長，先高後低再拉平，然後收尾。我們一次次勤練，我至今都不變。

師父也為弟子講《法華經》、《梁皇寶懺》，還有《毗尼日用切要》，這是比丘尼必須熟讀的五十條偈頌，也是生活戒律。此外還教弟子讀「四書」，以儒家思想教導弟子如何待人處世。師父還要求弟子們背誦和覆講，要他們理解之後用自己的意思表達出來。

「來，著你（輪到你），我剛才講什麼。」紹惟被師父點名，其實是「叫醒」他回答問題。

《法華經》我聽不懂。我的根機鈍，以為出家後，只要認真聞法就能弘

法……白天工作累了，晚上讀書就想打瞌睡。

我實在聽不懂。師父就說：「我講深一點讓你腦力激盪，以後淺的你就會了。」

自力更生的初期，幾乎被生活綁住了。我讀書好像只是在應付。

「抄寫經文，師父會看我的筆劃。」師父的悉心指導，令大弟子生起尊敬心，更自覺對師父失禮。由於成天勞動，一坐下來讀書，身體自動處於休眠狀態。為了不讓弟子打瞌睡，師父有時甚至要求他們站著聽講呢！

弟子都沒有大學問，心性單純的他們在辭窮時還勉力發言的樣子，也製造不少笑話。德慈記得師父講到悉達多太子成道後回到父親的皇宮——

佛陀在菩提樹下成道那天，阿難正好出生，雙重喜訊傳出，迦毗羅衛國宮內非常歡喜，淨飯王也很歡喜，老百姓也很歡喜。嗯……「真」歡喜，「蓋」歡喜，「足」歡喜……

師弟德恩覆講這一段佛陀成道的故事，那說不完的「歡喜」把大家逗笑了！德慈說，從師父身上才發現自己不是講經的人才。講經必須要有大根機，而且不能講錯；小至他在出家前看見修道法師，形容「那個出家人真媠！」出家後才知道宜使用「莊嚴」二字。

認識佛學名相是為方便解讀經義，幫助自己言行更得體。德慈年輕時嚮往佛法的知識殿堂，到了晚年卻有不同的體會。

「念佛學院三年只是了解個概念，佛法畢竟是要在人群的互動中，去體會和實修。」他說。

五位弟子中，德昭唯一不被點名背書，他在一旁安靜聽講。不識字的他，也無法依經文旁標示引磬和木魚的符號註解，準確敲法器。

我是在慈善院出家，辦法會或有信徒往生都需要誦經，但我在那裏沒有學會。一心只想修行，只知認真拜佛。有空就自己學念經書，不會就問德仰（當時在寺院做衣服的謝寶祝）。

我念經書都是一字一字慢慢「凸」，譬如《地藏經》、《藥師經》、《金

剛經》、《阿彌陀經》……煮飯時就把課誦本放旁邊，不懂就問識字的人。一句一句學，然後跑到樹下一直背一直背，一句句學起來。剛來精舍時，德融曾問我「大悲咒」中有一句怎麼念？我要從頭念起，才知道這一句怎麼念。學梵唄時，我的聲音很大卻不太穩。師兄弟也教我如何打法鼓，但是一邊誦經，一邊打法鼓或敲木魚，我無法兼顧。

德昭自知局限，不敢奢望去念佛學院，努力背誦經文與拜經，自淨其意。

在工作中修行

一九七〇年七月，德融、德恩、德仰一起出家，同年到臺北受戒，他們在戒場見識到來自佛學院的學生。

到戒場已經傍晚了，我們被分配住在夾層；住的大多是佛學院學生，很活潑！我們三個鄉下來的都土土的，不敢跟別人互動，怕人家問東問西，

也很怕跟別人發生不愉快。

師父叮嚀我們受戒期間不要攀緣，有空就背《佛事問答》。所以只要戒場分配的事情做完，我們就到齋堂去背書。師父這樣教，我們就這樣做。

「聽說你們的師父很嚴，你們受戒後最好去念佛學院。」受戒期間，曾有法師這樣告訴他們。

沒想到師父遠在花蓮，卻早已嚴名在外。在佛學院學生面前，三人因見識不足而感到自卑，卻不羨慕他人。相較於僧團，佛學院的學風是相對自由開放的，當時去受戒的德融、德恩，已經跟著師父在普明寺修行六、七年，對於師父訂下的規矩，他們都知分寸，並不需要師父時時盯著看。

師父的嚴格提攜，無形中替弟子們扎下基礎。一回，師父教弟子念《楞嚴咒》。咒語不但無法解釋，發音也有難度，對大部分的人來說應該可以稱作是一部「無字天書」吧？德融對於其中一句老是念不來，好像唱盤跳針，索性要放棄時卻被師父止住。

「你不學起來，師父是不會輕易放你去的！」回想師父抓緊弟子們的學習，諄諄教誨，身為大師兄的德慈不禁感到慶幸。豈料師父創辦慈濟功德會後，便投注於慈善、醫療等志業發展，逐漸無暇親自教育後來出家的弟子了。

直到晚年，曾經學不會《楞嚴咒》的德融道出體會——

我每天早上很虔誠地念《楞嚴經》，這部經要念得快也不容易。我一心專念，邊觀想阿難尊者快要被摩登伽女迷惑了。若做此觀想，好像就念得很順。

每個人有自己的修行方法。禮拜《法華經》時，我也會觀想佛足在我手上，跟隨佛陀的腳步一直前行。上佛堂，應該讚佛、學佛，才有力量。

從誦經到了解經義，這部經典讓德融時時用來提醒自己堅固道心、不受誘惑。三年的佛學院不一定能讓人明白這些。「其實師父每天都在講經說法，光是來自師父的教法，便足以讓弟子修行一輩子。」他說。

證嚴法師二十出頭獲得一部《妙法蓮華經》，出家後在普明寺後方的小木屋苦修這部經典，一生奉行一部經典並傳授法華精神。「一理通，萬理徹。」從抄經、拜經、行經到講經，一字一拜化為一步一腳印，將出世間的佛法落實在人間菩薩道，對世人影響甚深，特別是他的道俗二眾弟子。

「在工作中修行，用心就是專業。」德慈記得師父經常這麼說，因此來到精舍出家的人，就是投入工作。

證嚴法師後來開放弟子出去念書，有弟子赴日學習與慈善工作相關的社會福祉，也有在慈濟大學宗教與人文研究所進修。「師父認為，念了書之後應該回來發揮，以學識配合濟世精神。」德融表示。

對第一代弟子來說，因為所處的環境不同，念佛學院只是夢想，一直都有比念書更重要的事。

參考資料：

《慈濟的故事：「信願行」的實踐　壹．靜思》，邱淑絹、王慧萍撰述，慈濟人文出版社（靜思人文），二〇一九年六月。

師父豈是騎虎難下

我們自己的生活都顧不來了，師父還是堅持要成立功德會、做慈善。師父怎麼說，我們就怎麼做。——德慈法師

證嚴法師和認識多年的出家道友敘舊，難得清閒。

「你好像是一隻金牛一樣，背慈濟的志業背得很重。」

「真羨慕你們能很清幽修行，常住跟著我都很辛苦。」證嚴法師感嘆。

「一生都這麼忙，這也是你的因緣。」「也要有人這麼做，不能大家都不做，怎麼成？」

「騎虎容易，下虎難。」證嚴法師苦笑，狀似自我解嘲。

「金牛」象徵尊貴，而金牛還是牛。證嚴法師自比昔日是一頭小牛，如

今已是老牛拖車，而且還在上坡。

證嚴法師沒有自己，自喻「只有命一條」，一生為慈悲濟世的慈濟志業而奔命。他邀約大眾「慈濟需要每個人的力量。」只要伸出一根手指頭幫忙輕輕推，都能減輕老牛的負擔。

在草創「靜思」精舍與「慈濟」志業初期，五大弟子與師父志同道合從事入世的工作，善門大開不但解決了部分的社會問題，更讓佛法得以興盛。

證嚴法師豈是騎虎難下？五大弟子雖出身草根，卻宛如「五虎將」，輔助師父從慈善濟貧到醫療建院，陡峭直上，一路見證師父非凡的毅力。

證嚴法師也是血肉之軀，德慈、德昭等弟子卻說：「師父不是普通人！」

一攤血打破清修

剛來到這裏，從普明寺可以看見海。五十年前沒有這麼多建築物，完全是綠油油的稻田，很漂亮！海邊有一整排防風林，樹長得還不高，樹叢中間有個凹下去的地方，有人形容像「蝙蝠穴」，那裏經常有人下海抓魚。

我們在這裏織手套，常常等著每天下午兩點多，向北遠望大海，會有大型輪船經過。在陽光的照射下，船身小小的、白花花的，因為距離太遠，聽不見輪船的汽笛聲。

「那個境界我都還記得。」德慈描繪的景象，後來的人幾乎不敢相信從普明寺可以看見大海，他請陶藝指導老師黃仰明畫下來製成陶版，銘刻一段隨師純粹修行的日子。

彼時，普明寺這座小小的地藏院來眾並不多，每逢農曆初一、十五才有較多民眾前來拜拜。證嚴法師帶著弟子在此借地耕種兼做手工代工，親自調教以建立威儀，並教授課誦與梵唄，為他們解讀聖賢書，使明白待人處世的道理。

農禪生活開始之後，他們織毛衣、糊水泥袋，又接著縫製嬰兒鞋。這是德慈向臺中豐原證嚴法師的阿婆（養母的乾媽）學來的，他在花蓮的布行買來便宜的零頭布料開始做，一雙賣四元，每人每天做一雙鞋，六個人加起來一天就有二十四元的收入。

師父的手工很細，嬰兒鞋的滾邊大部分由他縫製。做嬰兒鞋的三個月後，克勤克儉的生活差不多夠用了。師徒努力開源，當時的目標是早日建立道場。一九六六年，紹雯（德融）的父親在鳳林住院開刀，師父陪他回去探望。這一去，不但打破師徒寧靜的修行生活，建道場的計畫也延後，代之而起的是一件大事。

師父探病歸來，天天哭泣，他不是擔心紹雯父親的病，而是替一位不知名的婦女流淚。師徒離開診所前，看見地上一攤血，旁人告訴他們，一位原住民婦女因難產必須剖腹，由於丈夫繳不出八千元的醫藥費，無奈地又被抬回山上。

八千元？即使師父當時在場，也救不了這名產婦。「那個婦人後來不知道怎麼樣了？」師父回到普明寺仍然放不下這樣的懸念。連續哭了幾天，弟子們擔心再這樣下去，師父的心臟病可能發作！

不久，師父的原住民朋友呂阿花，帶著前來部落傳道的三位修女拜訪師父。當天主遇見佛祖，一個講「博愛」、一個談「無緣大慈，同體大悲」，儘管殊途同歸，修女們當時認為佛教只是迷信，「天主教蓋醫院、辦學校，那麼佛教做了什麼？」她們向師父提問。

佛教真的沒有像天主教或基督教那樣從事社會救濟嗎？師父說有，只是佛教徒為善不欲人知，多半以「無名氏」廣行善舉。

德慈記得修女造訪的同一天下午，一位同樣關心佛教發展的年輕人也來找師父討論佛法，這位年輕人後來成為許聰敏老居士的女婿。他和師父都認為佛教應該要「有所作為」。

一攤血這樣的悲劇加深師父的悲願。「如果佛教團結起來，力量應該會很大。」修女的拜訪激發師父生起了這樣的想法。而唯有透過組織結合力量，從事社會救濟也就是行菩薩道，才能遏阻悲劇不斷發生。

師父想通之後不哭了，他召集弟子紹惟、紹雯、紹恩三人，以及平慧永、莊是老太太，宣布要成立功德會。

針線縫出的慈善

師父感受到艱苦人的困境！那時候我們也常三餐不繼，沒錢就去採野菜吃，能體會艱苦人的困難，所以師父提議「要設立一個救濟組織，有困難的人，才能得救。」

德慈說，那時生活好不容易可以過了，師父要救窮人，錢呢？

「辛苦一點，一人一天追加一雙嬰兒鞋；二十四元做我們的生活費用，二十四元作為功德會基金，一個月則有七百二十元。我們小小的先做起來，再向社會推廣。」師父不但決定要做，而且也找到方法。

來到普明寺一年半，師父成立「克難慈濟功德會」，勉勵弟子們勤快一點，每人每天多做一雙嬰兒鞋就能支持濟貧。「師父看事情都想得很遠。」德融說。

「師父不會貿然決定，做事很有規畫，他不要中途失敗。」德慈也說。

弟子們了解師父做事的決心，但旁人不見得有信心。

那時，師父將這個構想跟認識的花蓮人分享，多數人都不贊成；自己的生活都過不去了，常常兩塊半的車錢都沒有，有時還沒領到工錢，連一毛錢也沒有，還想做救濟？

儘管很多人不相信師父的理想可行，「師父一旦決定要做，任何人的建議都不會讓他打消念頭。」德慈說，連一向護持師父的許聰敏老居士也不贊成；雖然師父心裏難過，卻沒有改變心意。

「一攤血」牽動證嚴法師成立功德會救濟貧窮，這是繼收徒弟之後，第二個關乎「清修」與「兼善天下」之間的重大抉擇。

「功德會的成立，是從做嬰兒鞋一針一線縫出來的社會救濟工作，所以剛成立時加了『克難』兩個字。」德慈說。

涓滴善款謹慎用

證嚴法師破例收下弟子，而有了弟子才能啟動慈善濟貧；然而成立功德會，也讓他再度打破出家前立下的第二個誓願：不辦法會。德慈看出師父的矛盾與痛苦，更明白師父為了顧全大局所做出的妥協。

開始做功德會，很多人請求師父為他們皈依和消災，師父不得已，只好開方便門，在農曆二十四日濟貧發放這一天舉辦《藥師經》法會，為全省所有護持的會員及大眾祈福回向。

師父每次在《藥師經》法會讀疏文時，一想到自己平生的誓願便難過不

己，也曾經心臟病發作。他是為了眾生而放下堅持。

不同於一般寺院的法會，證嚴法師帶領大眾禮拜《藥師經》，信眾所捐輸的善款都用在濟貧，並不作為道場的收入，更不供養法師個人。在每個月的發放日，證嚴法師藉由誦經，祝福護持功德會的信眾及照顧戶等都能平安健康。每當照顧戶前來領取物資，師父還自掏腰包煮些粥品，讓那些遠道而來的貧苦人得以飽餐一頓。

慈善工作開始之後，由於所幫助的第一個個案住在花蓮中華市場附近，師父創辦功德會幫助窮人的消息傳播得很快！個案增加很快，基金的勸募卻很慢。

「如果我們怕辛苦不做救濟，那麼社會上可憐的人就永遠沒辦法得救，因此再辛苦也要去做。」德慈記得師父這麼說。

「如何才能持續救濟的工作？」師父說，我們到山上鋸一些竹子回來做竹筒，對一些比較熟識的人（信眾，以女性居多），宣傳助人濟世的理念，

拿一支竹筒送給她，請她們一天投入五毛錢。

主婦每天去買菜前投入五毛錢，少買一點也不會影響一個家庭的菜量，主要是每天能發一個好願，以這五毛錢來助人。三十個人一個月就有四百五十元的基金，這就是早期慈濟刻苦克難「竹筒歲月」的開始。

我們是一邊做社會救濟的工作，一邊還要維持自己的生活。譬如當火災發生，受災戶雖然不是慈濟固定的救濟戶，但同樣急需援助；緊急慰問金加上衣服、棉被等物資，都需要好幾萬元。每個月幾乎是拆西補東。

師父說，對於救助的個案，遭受火災或水災的損失，內心已經很難過，我們不能隨隨便便拿破破爛爛的物資送去，必須要很細心，用尊重的心去做，以免刺傷他人的心。

如果是孤老無依的老人或是身體欠安者，就施予基本的生活費，不多也不少剛剛好夠用；假使對方身體好轉，就可以去工作有收入。而有些是先生往生，太太身體硬朗，就鼓勵她去工作，增加收入後，就改為補貼米食等物資。我們評估的原則是剛好夠用就好。

師父說，這些善款點滴得來不易！有些會員家境也並非富裕，因自己曾經苦過，所以能夠體會，省吃省用存下一些錢拿給師父幫助艱苦人。因此這些善款要很謹慎使用，不要浪費。

避免濟助過多，讓個案產生依賴心，所以必須很詳細去了解和評估照顧戶的需求。每個月發放日之前的一個星期，大家會依個案情形討論，再決定如何去幫助。

透過濟貧，師父的作法也帶給弟子們不同的思維，漸漸明白看待事情的角度不能流於表相。濟貧不是只給予金錢，最重要的是讓照顧戶重拾尊嚴，既不能養成個案的依賴心，最終要幫助他們自立。

悲智雙運不厭離

德慈跟著師父訪視貧戶，許多孤老殘疾人士居住在山邊或墳墓旁，沒有門牌也少有人至，往往找了很久。

無論爬山涉水，再遠師父都去探訪，即使天色晚了，也要找到那位貧困的人。如果對方遭遇了危急，或因此而往生了怎麼辦？師父說既然我們已經來了，就一定要把人找到，以免耽誤了救人。

歷經過生活艱辛，愈能體會貧苦人的處境。濟助對象孤弱殘病，生活無以為繼，比起那些天涯淪落人，師徒寧願一人做三個人的工作也甘之如飴。

「做救濟前，沒錢時就去採野菜也可以過生活；功德會一做下去，一切的費用都一肩扛起，在艱難中想盡辦法開闢出一條路。」德慈說。

即使親自訪視、審慎評估，濟貧工作難免遭逢人性之惡。一回，師父首當其衝，當場嚇壞了其他人。德慈深深記得發生在某次發放日，師父念完疏文便因為心臟病宿疾而倒下，醫師剛來為師父打過針讓他休息，不料一名婦人衝進去作勢要打人。

三個月前，這名婦人來領救濟金，證嚴法師看她的樣子不像是家境貧苦。「請問這位某某，是您的什麼人？」對方本來不肯回答，後來聲稱當事人沒空，委託她來代領。

師父請她轉達案主下個月親自來，但是第二、三個月，竟換成不同的年輕女子來領取，看起來也都不像是需要被幫助的人。功德會重新訪查，才知道婦人生養八名子女是事實，可是兒女有工作，家境並不貧苦。

「她家的生活不會不好過，房子也不是租來的，因此第三個月沒有讓她領取物資。」德慈說，婦人前來大鬧一場，揚言師父救濟貧民的兩斗米是眾人捐的，「你們也是眾人養的！」

一般人都以為出家人不事生產，為了讓婦人了解僧眾的生活是靠織手套賺工錢來的，正想帶她去機器間看看，不料她大聲說：「你要打我是不是？」師父見到這一幕，吩咐弟子去請隔壁派出所的主管前來處理。事後，婦人才來向師父道歉。

「燃燒自己、照亮別人。我不做，誰來做呢？我不犧牲，窮苦人家該怎麼辦呢？」師父站在佛堂靜靜地看著蠟燭燃燒，曾經自問何苦這麼做；然而做慈善既不是為了自己，即使被打、被罵，不但不能放棄，甚至不計毀譽。

誠正信實蓋醫院

一九七二年，慈善工作進入第七年，師父在花蓮市區成立貧民義診所，結合在地醫師、護士以及弟子，為貧民「施醫、施藥又施錢糧」。位在仁愛街的義診場地由德慈的養母黃阿乃提供，在人力短少的情況下，德融、德恩為了幫忙包藥還去學習認識英文字母。

證嚴法師和弟子的生活雖窮不苦，當弟子天天設法開源從事濟貧，師父從事慈善訪視多年，歸結了貧窮難以消弭的主因，他決定再做第二件事。

「當師父提出蓋醫院的構想，百分之一百的人都不贊成。」德慈等師兄弟和師父站在一起，他們聽見即使是出自關心的人，也同樣質疑：「不可能！師父，您的身體不好，既是女眾又是出家人。」

師父有先天性心臟病，生病時捨不得花錢就醫，但是對於他人的貧病苦卻無法棄之不顧。慈善志業在艱難中開了頭，一路做下來，十三年後，師父決心在東部蓋一所規模六百床的綜合醫院，初估需要四、五億元。

師父宛如苦行僧，也將弟子帶向荊棘之路。

師父在籌建之初婉拒一筆日本人的兩億美金（相當於新臺幣七、八十億元）捐款。因為一旦接受，日後經營理念難免受到左右，他不是為了營利而蓋醫院。一九七九年八月，師父正式呼籲建院，找土地、募款及建築設計三方面同時進行；此外，他積極探訪，特別以他人失敗的例子為借鏡，相信避開這些「地雷」就有機會成功。

一九八〇年十月，省府主席林洋港先生前來花蓮視察，耳聞慈濟功德會的慈善工作做得很好，特地前來參訪。

功德會推動慈善十多年來，靠著全省一百多位委員以及一萬多名會員的護持和贊助，前一年的慈善支出多達五百多萬，濟助個案逾千戶，慈善收支明細透過《慈濟》月刊做徵信，帳目清楚。

面對林洋港先生的讚許，師父說：「慈濟所做的並不是為了得到表揚，我們要蓋醫院，經過一年半，七塊土地都沒有通過。希望政府能協助支持。」

找不到土地蓋醫院，師父在難過之餘，也有打算萬一因緣不成熟而不得不放棄時，他交代功德會的會計一定要把捐款人的姓名和金額記錄清楚。「假如真的找不到土地，必須把募來的錢還給大家。」德慈道出師父一向「專款專用」的原則。

證嚴法師接班人

德慈還記得林洋港先生來過的三天後，蔣總統經國先生也來了！停留半小時離開。總統先生後來說的話，他們經由當時的花蓮縣長吳水雲先生轉述得知。

總統一上車就跟吳縣長說，還沒來功德會以前，聽說慈濟救濟工作做得那麼多，以為這寺廟是多麼富麗堂皇，沒想到是這麼小一間不起眼的，不像廟的廟。

蔣總統驚訝於一介瘦弱的比丘尼帶領小小的功德會，依靠做手工過生活，慈善工作從花蓮出發，透過各地委、會員的愛心遍及全省。眼前這座小小的精舍，令前後參訪過慈濟的官員都相當感動，樂意協助尋找合適的土地。

「他們要蓋醫院的土地，我們盡量以政策性來幫忙。」總統交代吳縣長。

第八塊土地很快出現，在美崙，占地八公頃。雖然有總統和省主席的關注，由於是軍事用地，為了國防安全的考量，依然未果。第九塊地位在國福里，同樣八公頃，但是裏面有幾間房子和作物，還需經過協調。

總統交代讓慈濟功德會「優先使用、手續後辦」。一九八二年十一月底整地好了，由於八公頃內有兩公頃半是國有地，民間不得使用，行政院孫運璿院長親自前來花蓮聽取證嚴法師的報告。德慈記得當時——

孫院長一下車，見到師父嚇了一跳，是一個這麼瘦弱的出家人，他很感動，跟師父握手。見慈濟每個月做這麼多社會救濟工作，帳目又清楚，很感動又握手。再看到醫院的模型與平面設計圖，知道要蓋六百床的教學醫院，又感動得和師父握手。離去前再握手一次，總共四次。

師父也很敏感，「孫院長為什麼一直跟我握手？」孫院長擔心師父的身體這麼差，有辦法蓋醫院嗎？上車就跟吳縣長說：「土地是沒問題，最主要是他有沒有接班人？」

孫院長握手連連，只因師父的手相當冰冷，他無法確認師父的心願能否達成。透過吳縣長的轉述，孫院長得到了師父的答案：「凡是有慈濟精神的人，都是我的接班人！」

滿腹辛酸不畏苦

隔年二月五日，慈濟醫院動土，現場插滿國旗和佛教旗幟，師父的身形也像要飄起來似地，他的眼眶含淚。以為皇天不負苦心人，不料在四月，國防部在那塊土地插上紅旗。

德慈描述，四月十六日，靜思精舍前面來了兩輛吉普車。軍方代表來知會師父，由於軍事「佳山計畫」需要六百公頃土地，包括慈濟醫院的用地也在內。師父能否承受得住這次的打擊呢？

「我們是尊敬法師，所以向您報告，讓您有心理準備，可能三天後，您會接到我們的公文。」師父聽完，臉色發白！到現場一看，六百公頃的土地都測量好了，插上紅色旗子，醫院辦不成了！

整整四年了，要再找一塊地可能嗎？師父覺得不可能，兩天兩夜不吃也不睡，一滴水也沒喝，就這樣心臟病又發作！

師父以前是「不倒翁」，再辛苦都有辦法撐；但這次他覺得很心痛，認為沒希望了！我們都跪在師父身邊，請他為大眾保重身體。

林洋港先生獲悉消息，致電安慰師父會繼續協助，「把身體照顧好，才有辦法蓋醫院，說不定我們會找到一塊更好的！」

第十塊土地，也就是慈濟醫院的現址，占地十一公頃，原是花蓮農校的預定地，經過師父向校方溝通懇求，加上軍方撥出相同大小的土地作為交換。一九八四年四月，慈濟醫院終於第二次動土。

解決了土地的問題，資金六億才募到三千萬，動工之後，每半個月要發給工程款。師父擔心經費，抱病前往北、中、南區各地，向會眾宣揚慈濟精神理念，邀約護持醫療建設。

五年申請十塊土地，在動土兩年後將慈濟醫院蓋起來，師父的精神毅力超乎常人。印順導師在這位弟子計畫開辦醫療志業時即表示支持，並提醒：「蓋醫院最困難的是，面對人事的問題。」

除了號召會眾，師父拜訪教界尋求支持，也接觸醫界、學界和建築專業人士，籲請各方賢達共同參與和成就這樁盛事。慈濟醫院啟業之後，外人也許見到證嚴法師的風光成就，只有身邊的弟子體會師父在人前低聲下氣，滿腹辛酸，無畏於一次次的挫敗，讓弟子們敬佩，也更加擁護。

慈善從「克難」開始，為拔苦而開辦醫療，歷經磨難建成花蓮慈濟醫院，證嚴法師超越了自己，而且腳步飛快，緊接著開辦教育，培養醫護良才。他並非騎虎難下，而是願力十足。

隨著慈濟志業日日增長，前來花蓮參訪的人潮漸多，各地的慈濟委員、慈誠隊員也陸續帶著會員組成「慈濟列車」，前來參觀「我們的」醫院和護專等。當會眾來到「心靈的故鄉」靜思精舍，小而簡樸且僧團生活克勤克儉，但與會眾結緣的茶水和一餐餐的「齋飯」，香菇、素火腿等食材都是待客才有的「好料」，他們平常可不容易吃到，可見誠意十足。

「沒想到師父的眾生緣如此具足！」德融觀察，這是師父以誠、以情所結來的緣。師父也常引用佛經，道是：「未成佛前，先結好人緣。」

參考資料：

一、《妙法傳心——證嚴法師與弟子談心》，靜思精舍出版，二〇〇九年。
二、《慈濟的故事：「信願行」的實踐　貳．善護》，凃心怡、洪淑芬、陳美羿、吳翰有、王慧萍撰述，慈濟人文出版社（靜思人文），二〇一九年六月。
三、慈濟的故事：「信願行」的實踐　參．心蓮》，邱淑絹、王慧萍撰述，慈濟人文出版社（靜思人文），二〇一九年十月。

白手建道場

佛法是我要追求的，但是道場的生活不是我理想中的。我要自力更生，不管怎麼苦都願意。——證嚴法師

「錢！錢！錢！」德慈滿腦子想的就是這件事。

織棉紗手套這個門路，多虧師媽王沈月桂幫忙購買機器和棉紗材料，讓他們得以「生財」。

普明寺的空間不大，他們借用三個房間和廚房，連吃飯的地方都沒有。做代工，機器和材料、成品都需要空間存放，就算沒地方也得變出來。

高高的檳榔樹，樹幹挺直又堅固，而且不容易腐壞。為了省錢，德慈以檳榔木當支柱，請來一位師傅利用幾片木板簡易釘一釘，師兄弟在普明寺後

方搭建出一間工作室。空間才三、四坪大，門、窗以木板遮蓋，白天打開木板以竹竿撐住，工作室就開張了！在冬日，天氣冷、風又大，撿來人家不要的透明塑膠布釘起來，一切克難。

在「什麼都沒有」的情況下，第一代弟子「自力更生、就地取材」的開山精神，也成為日後證嚴法師送給海外志工拓荒者的錦囊妙計。而這個小小的工作室，還同時成就了一件好事！

工作室後面放有一張四尺半的床，他們有時會在那裏午休。一位「日本太太」（後來成為慈濟濟助的個案張秀惠女士），獨自帶著三個孩子無處可去，於是收留了他們。小床四個人睡不下，德慈加釘一片一尺半寬的厚木板，足有六尺供他們安睡在此，免去餐風露宿。

有能力濟助窮人應該是富有的，偏偏師徒處於龐大的負債中。剛到普明寺的窮只是「一無所有」，自從購買土地加上種稻歉收，他們向銀行借貸累計四萬一千元，每萬元必須月繳利息一百二十元。就算農作無收也不得欠息，只能靠著做代工，多做多得來償還債務。

「自不量力」去助人的證嚴法師，對於「貧」與「富」也有不同的見解。他將貧富分為四種：富中之富、貧中之富，及富中之貧、貧中之貧。

富人布施一點點，表面看似很多；然而窮人的小小布施卻是僅有的大部分，更加可貴。之於護持慈濟志業的信眾，他常開示：「布施不是有錢人的專利，而是有心人的參與。」

每當師父提起當年師徒「安貧樂道」，以縫製嬰兒鞋開始濟貧，臉上也不禁洋溢著自足與喜樂！

我們到布行剪零頭布料，從縫製嬰兒鞋開始。那時我也負責滾邊，手腳滿輕快也做得滿美的！接著又織棉紗手套，有時機器故障不動或是跳針，我就用心觀察哪個環節出了問題，也會修理喔！

工作即是修行

工作室有兩臺機器，尚未出家的德融、德恩打著長長的辮子，一身白上衣搭配灰色的燈籠褲，每天像織女一樣織個不停，其他人幫忙以手縫收針，還得計算每根指頭所需縫合的針數。

德融記得師父那時訪貧回來，會在工作間講述訪視所見，她們都很想聽，可是織手套無法分心，否則容易出錯。既得知天底下有那麼多貧苦人需要幫助，織起手套更加賣力了！

除了增加產能，做好的成品由德慈騎著腳踏車載到市區兜售，詢問店家或工廠有沒有需要，每賣出一打就有十塊錢的利潤。和務農自產自銷一樣，德慈不得不做起銷售來。

棉紗手套一做就是五年，這期間，德融、德恩及後來的五師兄德仰同時出家了，師媽也拿出二十萬元讓師父蓋精舍。雖然師徒有了自己的道場，但營造費用不足的二十一萬元，又向銀行貸款，於是負債累累。這也是德慈不斷追著錢跑的原因。

一九七二年，由於泰國、美國、澳洲等國同時遭受乾旱，導致全球糧食價格上漲，連帶物價波動而買不到棉紗，織手套的工作即告停擺。本來穩定的收入突然中斷，德慈趕緊接下團體制服的成衣代工，因收入不足以維持生活，又接下外銷日本的檜木雕刻手工藝品。他買了新刀具，可惜才做四個月就因臺、日斷交而中止，殊不知幾個月來所練就的基礎，在他晚年得以發揮在陶藝雕刻上。

一九七四年之後，從臺中接下漏電斷路器裏的一種零件代工，做了一年，公司就倒閉了。還欠那麼多的貸款，怎麼辦？於是接下女性高級大衣的代工，一九七六年老闆搬家到臺北，我們又斷了工作。

德慈說，幸好那時已經可以買到棉紗，再度織起手套，機器由手動、半自動升級為全自動。一九八〇年經濟不景氣，從臺北運一大卡車的手套到花蓮販售，店家可開立三個月的支票給廠商；他們做手工收的是現金，一來產量無法和工廠相比，更無法接到大筆訂單，受到銷售排擠的效應，最後只好放棄。

為了生活，他們做過的代工包括塑膠花、猴子爬樹、珊瑚項鍊等，但是一、兩個月後就沒有訂單。改種菊花也不知道如何銷售，而且必須麻煩市區的委員載送。之後又做豆元粉營養食品和蠟燭，一九八七年開始做手拉坏，四年後，靜思精舍電腦化，燒陶容易導致跳電，由於電力負荷量不足，只好暫停。

一九九三年，常住眾比較多了，生活也穩定些，做營養食品和蠟燭，來參訪的會眾人手一袋，還有師父著作的版稅、錄音帶……僧團的生活開銷從過去到現在，完全靠自己的勞力維持生活，二十多年來做過二十一種手工。

從一九六五年德融織毛衣開始，直到一九九三年生活漸趨穩定，前後二十八年，靜思僧眾從事的代工，經歷工廠倒閉、老闆搬遷、經濟不景氣，還有成衣代工的過程，因設備不足而失去競爭力。凡此種種，他們不斷地更換著可行的方式，卻從未停止工作。

僧團自力更生的模式，比臺灣社會以「家庭即工廠」創造經濟產能的時代還要早。「都是大師兄去找工作回來給我們做，我們就在『家』認真做！」德融說。

「一方面要承擔生活又要做慈善，很刻苦。師父樹立的靜思家風就是克己、克勤、克儉、克難，沒能力就一天吃一餐，我們也就精進承擔起來。」德慈說，早期人很少，他們都是硬撐熬過來。

「一般道場經常誦經或是辦法會，這裏的出家人卻每天都在工作，像在工廠裏做事……」前來參訪的人士難免好奇。

「工作就是修行。」常住眾的回答也正是師父告訴他們的話。自給自足的生活看似忙碌，但繁忙的作務是為了利益眾生。師父常說：「不只要自己有飯吃，更要擔起天下的米籮。」此外，專注工作不起煩惱，在菜園或蠟燭間做事時，經常透過慈濟廣播或錄音聆聽師父開示內容，善用時間聞法就是精進。

說起那些年的往事，德慈對於做過的代工記憶深刻，獨獨忘卻隨之流逝的青春。即將邁入六十歲時，他才感到僧團生活終於趨向穩定了。而來到奮鬥的中場，他沒有休息，之後陶藝工作又讓他做到生命最後。

建道場 為眾生

多半寺院仰賴信眾的護持共同完成建設，德慈跟隨證嚴法師之前，也曾經跟著其他寺院的法師為建寺而去化緣。這與靜思精舍不接受供養、不辦法會也不趕經懺的自力生活，是截然不同的辛苦。

「道場」提供修行者居住，既要能夠安心辦道也必須兼顧生活。證嚴法師與弟子們自食其力，又要負擔慈善濟貧的支出，建設道場的計畫只得延後。

事實上，證嚴法師在一九六六年本來有機會結束借住在普明寺的苦日子。

他的師父印順導師應邀到中國文化大學哲學系講學，要將嘉義道場妙雲蘭若交給這位弟子住持。

「無需辛苦做手工，好好安心修行！」導師吩咐證嚴法師，道場後方的竹園已經足夠他們師徒維持基本生活了。

彼時，證嚴法師在花蓮既有弟子，也有之前在慈善寺講經結緣的信眾，法師想做濟貧的工作，一群擁護他的居士聯署、請求印老「緩徵」證嚴法師三年。這一緩，「慈濟」就在花蓮生根了。

「到自己的土地上蓋一間平房，寬寬的，要做救濟才有地方。」後來，師媽拿出二十萬元交給師父蓋道場。

「我沒有看過二十萬，以為很多！」德慈率直地表示，包括師父在內，也認為二十萬元光蓋一間平房很可惜，於是師父參照中國古代歇山式（九脊頂）的宗教建築，再予以改良，拿給在地的黃演言建築師，請他幫忙蓋出這種造型的房子。

黃建築師審視後，考量花蓮地震、颱風多，在建材的選用上，建議師父使用九分粗的鋼筋。結構體蓋好時，室內三十三坪沒有一根梁柱，大殿的造型優美又堅固；但已用去二十萬元，裏面空空如也。

德慈與建築師討論空間需求，考量功德會的功能，大殿除佛堂之外，左右兩側以日式拉門隔出辦公室和會客室，到了夜間拉上門就成為寮房。此外，廚房和衛浴設備則須另建。

最後結算工程款，足足多出二十一萬元，「我嚇了一跳！」德慈想像，二十一萬元不就又可以蓋一棟房子且綽綽有餘嗎？他的頭殼再度膨脹！

「為了這二十一萬，我們四個人勤耕三甲地……」有一次，師父無意間聽見德慈講起這一段往事，一付不敢置信地問德慈：「師媽給的二十萬，你又去貸二十一萬？」他說德慈在「講憨古」。

弟子們從來不讓師父擔心僧團的事，「經濟來源不要讓師父擔心，他才能一心去策畫功德會要做的事情。」德慈說，當時他找了三師兄德融商議如何給付這筆建設費用，不意面對師父的質疑，師兄弟適足以代為證明。

寧克難　救貧苦

之前積欠的貸款尚未還清，蓋精舍又不足二十一萬元。那時剛推出農民貸款，他們又以土地向銀行貸款，也跟了一個互助會先標下來，終於勉強湊足了建築款項交給建築師。

師兄弟白天耕種，夜間做手工做到半夜十二點是常有的事，夜半還要輪流去稻田放水灌溉，清晨四點半依然要做早課。「時常熬夜，體力硬磨、硬做，很辛苦。」德慈更苦的是，有時賣出棉紗手套，還是無力購買棉紗材料，只好打電話給師媽，請她先幫忙買，等有錢了再還給她。

「早期我們從一無所有，做到有今天。」在向師兄弟談到精舍建築時，德慈提及當年大殿灌漿工程，他們前面幾位師兄弟跟著徹夜趕工，提著一桶又一桶的水泥沿著梯子提上屋頂，直到灌漿結束已是午夜。

在靜思精舍大殿前方空地，他們還合力蓋出一座臺灣造型的水池。那是師父設計的造型，他們以石頭和水泥砌築。一開始徒手施作，不知道水泥是會「咬人」的，發現皮膚紅腫才請教他人，原來施工必須戴上塑膠手套呢！

融入心血打造自己的家，辛苦終會過去，留下的是眼前的美好。

德慈說，大殿蓋好之後，一九七三年臨時啟建第二期工程。那時並不是有錢，而是師父為了讓印順師公上人來花蓮時得以方便接待，善盡弟子本分。隔年蓋好的第二棟房子雖然只有五十坪，卻花費一百萬元。

一九七五年，妮娜颱風將大殿的屋瓦吹壞了，才搭好不久的一個鐵架也被風掀去一半。師父沒有立即修繕，而是替風災的受災戶蓋了一排六間單獨的磚房，讓他們得以安住。

「我們這裏是有負債的喔！」一九七七年年初，僧團排行第七的德和來到靜思精舍計畫常住，那時大殿屋頂的破損也還是沒錢修繕。道場的門面小，屋頂又以塑膠布覆蓋，卻持續著每月照顧戶的濟貧發放。聽聞證嚴法師坦言僧團的實際狀況，身材高大的德和挺身留下。

眼見僧團的生活艱辛，曾在北部工廠上班的德和告訴師父，不如讓他再回工廠去，每個月可以有一萬多元的薪水幫師父還債。等到精舍的債務都還清了，他再回來出家。

「你們在外面，我看不到。」師父重視的是弟子的慧命，因此沒有同意。

一九八〇年十月，省主席林洋港先生前來精舍參訪，看見的依然是破損的屋瓦和鐵棚。在破屋瓦下，貧苦人每個月來到這裏領取救濟金和物資，藉以溫飽。精舍克難就簡的程度令林洋港先生大感驚訝，更佩服法師在慈善濟貧之後，進一步呼籲在東部蓋醫院幫助窮人的決心。

德慈說，被颱風吹壞的大殿屋頂歷經五年尚未翻修，其實印順師公上人早已提醒師父應盡早覆蓋屋瓦，以免鐵條受潮生鏽而膨脹。大殿果然嚴重漏水，後來他們請來泥水匠做出不怕颱風的水泥屋瓦。

樹立靜思家風

靜思精舍常住眾與參訪來眾愈多，空間一直不夠使用；因應需求，只好分期慢慢建設。

「我們經常是債務未償還就又借了，這裏搭一間、那裏搭一間，從第八期開始才有規畫。」德慈負責第一期到第七期工程，拼拼湊湊、土法煉鋼，常住們還身兼小工參與。可想而知，建物之間的接縫處遇雨則漏，建材也容易損壞。

證嚴法師在各地興建「靜思堂」當作社區志工活動的道場，為慈善賑災興建學校和大愛屋，這些建設都有整體規畫；唯獨靜思精舍沒有。限於經費，靜思精舍的建築無法大幅擴建，空間克難而且超載使用，從來沒有金碧輝煌。

在四弟子德恩往生後，法師走進弟子們的寮房，看見他們一、二十位師兄弟住在一起，寮房空間局促而狹長，採光、通風並不理想，不禁形容那像個「土虱甕」，弟子們卻甘之如飴。

法師要求弟子們克己，對於一直以來讓弟子們住在克難的環境中，也深感抱歉。

「精舍不能永遠這樣克難。」德慈說，師父體會自己年紀大了，那時，常住眾近兩百位，各地志工也常回來掛單，加上花蓮颱風、地震頻繁，精舍雖克難卻不堅固。二〇〇六年，師父決定在大殿後面興建一座主堂，改建大一點，而且必須堅固，要讓弟子將來沒有後顧之憂。

「蓋主堂時，面臨第二到第七期的建築體不得不拆除。」德慈邊說邊感到心疼。為了整體規畫，打掉的都是當年辛苦借貸建起來的，裏面有著他們近三十年的心血。

「真的要敲掉嗎？」證嚴法師於拆除工程期間安排行腳，臨行前還問著。師徒同感不捨。

秉持靜思家風「克己、克勤、克儉、克難」的精神，常住們保留了可再利用的建材，包括木料等測量尺寸並做編號，而舊建築的水泥塊則成為主堂的基底，與新建物融為一體，注入了靈魂。這讓師父和第一代弟子感到欣慰。

二〇一二年，先後啟建與落成的主堂和協力工廠都是大工程，證嚴法師始終堅持不讓在家弟子捐助精舍的建築費用；若是願意出力回來幫忙工程施作，跟著常住眾「做小工」，他倒很歡迎。

與草創靜思精舍一樣，從灌漿到一屋一瓦、一草一木，大家付出勞力動手做，無形中與靜思精舍這個「家」，建立起深刻的歸屬感。

「功德會點滴不漏、誠正信實；募來的錢是用來推動利益眾生的志業。精舍是獨立的，不是用眾人的善款來蓋的，而是僧眾自力更生辛勤建立的。」德慈強調，靜思精舍絲毫沒有動用慈濟基金會的錢。

「精舍是精舍，功德會是功德會。」他自信地說。

德慈當年代表師父去辦理寺廟登記，靜思精舍是僧團唯一的財產；而靜思家風秉持農禪生活，以「佛心師志」的法脈傳承，則是無量無形的資產。

參考資料：

一、《慈濟的故事：「信願行」的實踐　壹・靜思》，邱淑絹、王慧萍撰述，慈濟人文出版社（靜思人文），二〇一九年六月，頁三八四。

二、《慈濟的故事：「信願行」的實踐　貳・善護》，凃心怡、洪淑芬、陳美羿、吳翰有、王慧萍撰述，慈濟人文出版社（靜思人文），二〇一九年六月。

三、《雲淡風輕　似水人生——記憶恩師父》，靜思精舍出版，二〇〇五年八月。

無法拒絕的愛

「你們幾個跟著師父要有耐心，也要跟緊。道心要顧好，忍得了苦，將來才會有成就。」師媽一直關心我們餓嗎？冷嗎？有得吃嗎？——德慈法師

回顧昔日跟隨師父過著「什麼都沒有」的日子，負債更是個破洞，德慈有時還會咬牙似地，讓人看出靜思精舍能有今日的生活，其實是他們耐苦拚命。師徒連住的地方都沒有，出家人又不能外出謀職，光靠四處摘野菜或撿拾農民收成後不要的小番薯和落花生，如何能餬口呢？

「如果沒辦法一天吃上三餐，吃一餐也可以。」師父一句話交代完，接下來是每天都要過上「三餐不繼」的生活，負責管理收支

的大弟子德慈，時感到捉襟見肘。

過去的汗流浹背被時間風乾了，似乎也如過眼雲煙，但是每當提起「師媽」王沈月桂，德慈幾乎泫然欲泣……

功德會初期每逢發放日，會員和照顧戶都會來普明寺。師媽見寺裏空間狹窄，如何能持續做救濟？師媽交代師父若是附近有土地要賣，如果沒有錢買，她可以買下來。

非常感恩師媽幫我們買土地，之後又出錢幫忙蓋了精舍大殿。漸漸地，一方面做慈善，一方面要維持僧團的生活，光靠種田維生真的不容易。師媽每次來都鼓勵我們：「你們跟著師父，我能體會你們什麼都沒有的那分艱辛，你們要有耐心啊！師父的身體不太硬朗，要好好照顧師父喔！你們要跟緊，道心要顧好喔！」

買了土地就開始種稻，因為沒有經驗，第一次種稻子歉收，又多出負債。師媽一再鼓勵我們不要退失道心。「做，沒有關係，能鍛鍊身體。你們若能忍得了苦，將來一定很有成就。」也常常關心我們：「會餓嗎？會冷嗎？有得吃嗎？」一直關心、照顧我們。

在攝影家阮義忠與妻子袁瑤瑤筆下，記錄一段師媽對於師父和早期弟子的關愛。（註一）

證嚴法師不接受供養，領著弟子耕田做工，辛苦萬分卻連維持溫飽都有問題。師媽愛女心切，每回到花蓮都會準備很多米糧，先偷偷帶到廚房交給負責張羅的大弟子德慈，再從大廳進去看師父。

「有一次被師父發現，叫我們留下自己要吃的部分，其餘的都帶回家！」……提及這些往事的師媽，一想到師父的倔強就搖頭。

法師是師媽心頭的一塊肉，女兒決意出家，並堅持救貧濟世。她口中的「師父」不只是苦了自己，還願意為了幫助受苦受難的人，寧可師徒過得非常刻苦。

師媽將「師父」交託給他的弟子們照顧，在克難慈濟功德會成立之後，也給予最大的護持。德慈發現沒錢的時候，不會稟告師父，而是打電話到豐原給師媽。

種田無法還債務，於是師媽想辦法護持，買了做手套的機器和三百斤的棉紗，讓我們織手套代工維生。我們邊做邊賣、邊吃邊用，又要付貸款利息，收入還是沒辦法維持生活。等做到沒有棉紗可織，也沒有錢買棉紗材料，我就打電話給師媽請她協助。師媽都請我安心，鼓勵我們認真做，也要把身體顧好。

感恩老人家的護持，我們才能一步步走過來，在這四十多年來，僧團堅持自力更生，精舍的建築一期又一期蓋起來，師媽一直以來的關心和護持，是我們的源頭。

師媽個性活潑開朗，不但大力護持慈濟，每次開口或受邀上臺分享，總是不離「慈濟」。在她臨終前，德慈記得那天正好是農曆二十三日，慈濟感恩戶的發放日，他到臺中去探望。

師媽擔心師父的擔頭真重，儘管九十幾歲了，還一直想著幫助師父，多為慈濟付出。在她往生前一天，我們去臺中看她，雖然她全身機能都不好了，但是精神很好，頭腦也很清楚。有人去看她，她還為了海地賑災向人勸募。

她一心一志護持慈濟。在往生前還念著：「慈濟、慈濟，要做慈濟！」她真的是偉大的母親！我們將不捨的心，轉為虔誠祝福；祈願師媽快去快回，再回來精舍認親，趕快回來接棒。

因為功德會做濟貧，師媽幫忙買土地又蓋精舍，要不是為了慈濟志業，證嚴法師決不可能在生活上接受俗家母親的接濟。

法師在養父去世後，為了想要出家而翹家。由於家中的支票、印章和鑰匙都由這個二十三歲的女兒掌管，有鄰人造謠說她帶著所有家產捲逃，沒想到錢財分文未少，而且擺放整齊。

師媽當場暈厥過去，醒來後大哭：「我的心肝兒啊……妳身無分文，可是要怎麼過日子啊……」（註二）

如果說靜思僧團是證嚴法師和全球慈濟人的後盾，師媽王沈月桂無疑是支持這個後盾最堅實的靠山。一個母親所無法親自給予女兒的愛，偷偷交由師父的大弟子接手，德慈恐怕是受到師父責罵最多的弟子，也最清楚師媽所給予的「後援」，多像是陣陣的「甘露」及時雨！難怪說起師媽，他總是經常帶著鼻音。

（註一）《看見菩薩身影4：王沈月桂》，頁七十三，靜思人文志業出版，二〇〇二年六月。

（註二）同上，頁八十七、八十八。

第三部

入群處眾，修正習氣

「修行」談何容易？出家人被譏為不事生產的「蛀米蟲」，口中辯不辯？被師父責罵或被曲解了，弟子心中服不服？

爭相擔罪，相互擁護

我們出家時還很像小孩子，每天認真工作，很會做事也很會玩，常常師父不知道我們為什麼那麼高興！當他一走過來，我們好像被「電」到一樣！——德融法師

難得師父答應在家弟子靜慈（吳玉鳳）的邀請，帶著身邊的弟子參加他們的員工旅遊到天祥遊覽，並參訪祥德寺。

師父年輕時流浪花東，一九六一年便與修道法師到過花蓮，聽聞太魯閣一帶風景很美，正好許聰敏老居士想在天祥建寺院，租好遊覽車隔天要去勘地，他們兩人也一同去尋幽攬勝。

舊地重遊，往事如煙

「要是能在這裏修行多好？」尚未出家的證嚴法師被眼前的幽靜所動。

話說白天在遊覽車上，車掌小姐為大家介紹中橫公路的開發史，因為施工困難，有兩百多位工程人員犧牲了性命。許老居士當場請大家一同為這些「開路英雄」誦經。返回市區，修道法師突然發燒，一閉上眼睛，盡是看見一些沒有頭或手、腳的冥界眾生。

修道法師病得突然，醫師診療後，證嚴法師仍不放心，建議他不如發個願——「若是病好了，就為『他們』講《地藏經》。」隔天，修道法師醒來燒就退了。

一年多後，他們來到花蓮還願，不可思議的因緣這回落在證嚴法師身上。在許老居士集資重建的普明寺啟用典禮，證嚴法師恍然大悟，十五歲那年為母病求藥的一場夢境，她已經來過普明寺。

往事如煙，許聰敏老居士當年在天祥建造的就是這一座祥德寺。而證嚴法師後來與普明寺因緣深厚，不但帶著弟子借住修行四年半，好不容易才建立自己的道場。身邊的弟子年紀與自己不相上下，平慧永與莊是兩位老太太也一直護持修行，還有兩個少不更事的女孩子真容、真華，從普明寺開始，老小共住、生活單純。除了德慈常跑外務，其他人很少外出，也難怪他們玩得那麼開心！

在員工的摸彩活動，師父抽到鉛筆盒，小孩子抽中文具，兩位老太太和德昭得到的是食品。德恩抽中鈴鼓，德融拿到玩具狗，德慈摸中笛子的時候，從小活躍的音樂細胞也被喚醒了！

「索拉索米米瑞多……」德慈心裏迫不及待想要吹奏了！他在小學最喜歡的科目之一是音樂，每次看見風琴就喜歡去按琴鍵。他覺得每個人抽中的獎品好像都符合各自的喜好。

傍晚，在德慈的導演下，靜思精舍大殿上演一齣迷你音樂劇。德慈吹奏

〈三寶歌〉，德恩搖著鈴鼓咚咚，他們背著師父娛樂了一番。

乘著師父沐浴，我在大殿吹笛子，德恩打鼓；德融抽到狗就當看門的，我交代他若是聽見師父快要出來了，就假裝咳嗽兩聲提醒我們。

大殿和戶外的衛浴設備隔著一個小巷道，距離並不遠，他們也不敢太大聲，德融邊聽著音樂聲，邊觀察師父的動靜。在音樂的助興之下，德慈、德恩開始跳舞……

那時上映的日本電影《釋迦牟尼佛傳》，影片裏有個鬼子母，專抓人家的小孩回來給自己的孩子吃，吃完之後，她很高興，就開始跳舞給孩子看。我們就學鬼子母這一段，又吹又敲又跳地，很好玩！

鬼子母見到自己的孩子被餵飽了，很是開心！德慈手舞足蹈，果真自己也能讓師父和師兄弟們都吃飽，他也會像鬼子母這麼歡喜吧？

自從選擇修行，他們經常處於半餓半飽，餐桌上只有野菜、花生、地瓜，連新鮮豆腐都得醃起來節省點吃。以前要是沒錢，不時得向普明寺賒借米、油，藉以滋潤澀癟的腸胃，然而「年輕」就是最大的本錢！雖然眼前為了精舍的建設費用而背債，生活中難過的只是沒有錢而已。

直心草根，和樂共處

第一代弟子的生活記憶交織著大量的勞動和飢餓。一回，德慈工作到飢腸轆轆，回到廚房找東西吃，平慧永老太太指著櫥櫃說：「有『鬼』！」德慈定睛一看，真的有！

「呵呵，那是拜拜的『粿』。」他笑說，平老太太是福州人。

靜慈是德利豆干店的老闆娘，在功德會成立之後加入慈濟，見到師父的生活艱難，省吃儉用又要救濟貧民，每個月的發放日還自掏腰包煮粥款待照顧戶，因此有時會送來豆包、豆干或是青菜。對他們來說，這些豆製品算是奢侈品了！

普明寺沒有冰箱，豆製品不冷藏容易腐壞，但是一次煮完太可惜。德慈託人在牆角釘了一個三角櫃，將豆干、豆包放進去，再放入冰塊。他以為只要有冰塊便可冷藏保存，殊不知冰塊一旦融化就回到常溫，等到下次要煮的時候，才發現豆包都發餿了！

物質困窘到這樣的程度，每天吃不飽、睡不足也蓋不暖，還有做不完的工作，然而師兄弟共患難、相扶持，相處很融洽，閒暇時也常說笑。

德融記得有一次過年看見大家在放鞭炮，他們也很想玩，拿到師父給的壓歲錢，就去買了一些爆竹帶到田裏燃放。煮飯的時候順便將帶回來的炮紙屑放進爐灶，沒想到還有沒燃盡的炮藥，「呼！」地，「連鍋子都跳起來了！我們以後都不敢了。」他笑說。

出家時還很像小孩子，很童真，每天認真工作，很會做事也很會玩。地上玩得不夠，甚至還爬到精舍屋頂去玩。常常師父不知道我們為什麼那麼高興，當他一走過來，我們彷彿被「電」到一樣！

我們前面這幾個大概比較草根吧！之後來精舍準備要出家的人，感覺大家都像「悶鍋」一樣啊！

跟著師父過的是苦日子，但辛苦中卻有輕鬆的一面，雖然輕鬆娛樂只能背著師父偷偷進行，師兄弟同一陣線，無形中更添一絲樂趣。德昭的女兒真華也記得以前大家安靜做事，有時突然一陣笑聲爆開，她不知道德融、德恩在玩什麼，也不知道他們何時開始玩的，只是跟著不自覺地笑了起來。每當大家工作到很累的時候，個性開朗活潑的德恩就會說笑解人疲勞。

爭相擔罪、相互擁護

德融、德恩是師父的侍者，經常隨師行腳與訪視慈善個案，德慈在師父訪視貧戶時兼照相記錄。自從一九八二年年輕一輩的德宣到精舍常住，由於他的口才和文筆都很好，德慈向師父請命，讓他和二師兄德昭留在精舍顧家。

他們兩位算是武將，年輕時雖不及牛馬之力，卻培養出強韌而不輕易被打倒的態度。德慈在年近五十的時候還經常和德融、德恩較量腕力，並挑戰青春正盛的德宣，雖屢敗屢戰，他總笑說：「下次再來比一比！」（註）

在精舍常住的各項執事中，德慈、德昭晚年依然老驥伏櫪，勤勞付出，壯心不死。

德融一向敬佩大師兄，他的姊姊與大師兄的俗家為鄰，「那個阿月（德慈的俗名）真可憐！每天蹲在水龍頭下清洗東西，都要刷得很乾淨。她的養母經常要她做這個、做那個……」姊姊替這個養女的處境感到不捨，殊不知這樣的歷練，才得以造就日後靜思僧團的大師兄，吃苦耐勞、任勞任怨。

一次德融不小心打破供佛用的漆器盤子，心裏很害怕。他們雖然生活拮据，師父對於佛堂用來敬茶的杯子、壺罐，或是供果的敬盤等都很講究。師父說，供佛的用品要拿出誠意用最好的，平常節省一點就好。

「大師兄，怎麼辦？」德融小聲地問。

「沒關係。」德慈接過盤子直接走進師父的書房，懺悔自己太粗心。

「怎麼那麼不小心？」德融前腳踏進師父的書房，正好聽見這句話，連忙跪下來說是他打破的。接著德昭、德恩也進來跟著跪下。

「到底是誰打破的？」聽見師父大聲質問，德融再次承認了。

「師父表面生氣，內心應該慶幸這群弟子有事就爭相擔罪、相互擁護。」德慈說，他們彼此都不忍見到任何一位師兄弟被師父責備，要是做錯事，都是一起跪下來向師父懺悔，請求原諒。師兄弟之間從來沒有任何紛爭需要師父處理。

「我的這一群弟子很乖，犯錯都抓不到『凶手』。」證嚴法師曾經當著慈濟委員的面，讚許弟子彼此愛護而不諉過，甚感欣慰。

各取所長，互補不足

來自不同家庭背景，個性和專長也不同，五位師兄弟互補不足，彼此信任。德慈大部分在外辦事，只要回到山門就加入生產陣線。

「慈師父是精舍的模範生。他很乖，都沒有放鬆，很多事都是他教會我們的。」德融說，那時候大部分是大師兄出去包工作，「我們都一直在『家』做事，認真配合。我們都聽大師兄的，猶如兄弟姊妹。」

「那時碰到事情，都是慈師父回來跟師父講，我跟德恩就是聽。像貸款等外務都是慈師父在處理，其他師兄弟就負責一直做，怎麼用度，我們都沒有過問。二師兄和我都是鄉下人，人家說要做什麼，我們就一起把事情做好就好。彼此『合』的動力很大！」德融說。

德慈、德昭、德融、德恩、德仰都是花蓮人，結為師兄弟之前就有些交集。除了德融的姊姊是德慈的鄰居，德仰的外公也住在德慈俗家對面，德慈大德仰五歲，看她年輕時總是紮著一根馬尾。

德仰十幾歲到慈善院做裁縫，不識字的德昭學讀經，遇有不懂就請教這個「小孩子」；德昭二十出頭在慈善院帶髮修行，德融的母親是該寺的信眾，彼此熟識。年紀最小的德恩有善根，十幾歲親近寺院，鄰居一誠貨運行的「頭家媽」莊是與證嚴法師的因緣深厚。從普明寺到靜思精舍，莊老太太後來一直安單在寺院，晚年礙於健康才返家居住，卻依然幫忙師父做手工。師父行腳期間，這位「一誠的阿祖」也會來和弟子們作伴。彼此惺惺相惜。

大師兄、二師兄做事相當俐落，最晚來共住的德仰家裏不種田，眼看著前面四位師兄無論是種田、煮飯，或做代工都像在衝鋒陷陣，有時也想一起去除草，偏偏做不來。所幸，他慢工出細活的裁縫工夫，自有他人不可取代之處，只要下田，師兄弟就會「罩」他；有時就請他留守精舍顧家、做衣服就好。

德融、德恩是織棉紗手套的高手，有時輪到他們煮飯，德昭自動補位，讓他們繼續拚進度。體恤大師兄忙裏忙外，經常睡眠不足，德昭、德融經常承擔夜間巡田水的工作。一次，德慈晚間十一點多醒來，以為終有機會輪到自己，沒想到路上遇見二師兄、三師兄從田裏回來，彼此相視而笑。

「打虎親兄弟」，師兄弟跟著師父拓荒就是這般義氣相挺；而與師父合力推動慈善志業，就像「上陣父子兵」般地團結。「以前人少，我們有事就一起做、一起衝！事情做完收工了才一起休息。」德慈說，他們師兄弟都是共進退。

常常被問及：「師父，怎麼那麼打拚？」德慈的答案是：「有負債！」一直讓他感到頭痛、壓力大的僧團財務，精舍第一期工程完工後，負債新增二十一萬元；一九七三年第二期工程雖然也只是平房，建築費用高達一百多萬元。負債導致經常性的入不敷出，德慈即使賣了農作物或代工成品，口袋裏稍有進帳也不敢拿去銀行存，因為要不了多久又會掏空。

「之後，好不容易我可以把僧團的財務交給德恩，他把帳管得很好。」德慈笑說，四師兄管理財務最大的優點就是「有進無出」，不像他那麼闊手。弟子純賢好奇跟隨德恩買菜，師伯為何都不先問菜價？經常買菜的德恩對菜價有譜，對人也不會錙銖必較，一向節省自己。

德慈當家，無財可理、有債須還，即使不管帳本，依然辛勤投入生產。他比任何人都清楚僧團生活的收支困窘，開源更重要。

有難同當，不曾享福

德融與德恩的年紀只相差四歲，二〇〇三年，德恩因為病程進展快迅的一場猛爆性肝炎，享年五十八歲。自十八歲跟隨師父，四十年如一日，在他走後，德融感嘆他們前面幾位，真是「難兄難弟」！

昔日並肩打天下，而今崩壞了一角，同為師父的侍者，德融從此不再承擔國際賑災的任務，他專心照顧師父，總在師父可以隨時傳喚的地方。

「早齋過後，我們就各自『士農工商』了！」德慈說，精舍的常住逐漸增加之後，師兄弟各領執事、各就各位，有的則同時投入慈濟志業體的服務，大家忙於各自的工作，除非同住一個寮房，整天能見到彼此的機會若不是在佛堂就是齋堂，不太可能有時間談話。

德慈本來在知客室，有客人就幫忙招呼。許多訪客想來見師父，但是師父訪客和會議不斷，加上出門行腳，雖然見不到師父，至少能夠和大師兄談一談話也很好。

知客室在大殿旁，距離師父的會客室也近，後來德慈自覺聽力不太敏銳，加上陶藝既是他的興趣，也是精舍自力生活的重要生產線，因此晚年經常守在菜園後面的陶慈坊做事。

這一前一後，德慈和德融見面的時間就更少了！「害我一個人被師父念！」德融故意說大師兄沒有憐憫心。

「有時，師父覺得壓力大或事情不理想時，也會有情緒，愈接近師父的人愈常被師父罵。我對師父恭敬，但我不會表達。見師父難過，我也難過，我知道師父很辛苦。德恩也不會表達，德融到現在還不敢跟師父聊天。」德慈完全了解跟在師父身邊師兄弟們的處境。

午齋打板，師父正穿過屋廊朝齋堂方向走，德慈也從另一方以小碎步走去，他希望能走快一點，偏偏開過刀的雙腳拖泥帶水。這時，德融從後面趕上，輕抵著大師兄像在為他撐腰，讓他走穩一點。輕喚一聲「阿尼ㄎ一（日語，對兄長的稱呼）！」師兄弟彼此會心一笑，宛如回到從前。

一起修行、工作，也一起領受師父的雕琢，師兄弟因緣深厚，有難同當。要說享過什麼福，好像還沒有，卻寧願挺師父做慈濟志業，做一輩子的「難兄難弟」！

註：〈靜夜覷月　仁者風範〉，慈暘撰文，出自《一蓑風雨任平生：樹家風　立典範守志不動的德慈師父》，頁五三〇～五三五，慈濟傳播人文志業基金會經典雜誌出版，二〇二一年七月。

參考資料：

《慈濟的故事：「信願行」的實踐　壹．靜思》，邱淑絹、王慧萍撰述，慈濟人文出版社（靜思人文），二〇一九年六月。

不只三刀六槌的本事

以前什麼都要自己來，出家人「三刀六槌」，剃刀、剪刀、菜刀，要會剃頭、煮飯、做衣服，也要能敲鐘、鼓、磬槌，連鐵鎚也要會用。——德慈法師

出家人必須學會「三刀六槌」（註一），到僧團共住、輪流執事，生活上得劈柴、燒飯、縫補，上大殿拜佛唱誦，梵唄、香燈等，樣樣都要學會，才能承擔僧眾事。

「我不會煮飯。」紹雯（德融）初來普明寺修行，出身農家的她，小學畢業就外出工作，在家排行較小，沒能輪到她做飯，到了大姊那裏工作也沒有機會學習。她的專長是毛線編織。

師兄弟輪流煮飯，在大灶生火、燒水煮飯菜，三刀之一的「菜刀」，紹雯不擅長。很多母親擔心女兒出嫁時還不會做飯，如何端得起夫家的飯碗；紹雯雖選擇修行，也是「入人門檻」，她的母親到普明寺禮拜地藏菩薩，也總是關心女兒在此，生活上是否遇上難題。

紹雯一次輪到煮飯，爐火一直生不起來，快中午十一點了，師父聽見廚房裏毫無動靜，進來發現爐灶還是冷的，「我來！」師父說著很快將爐火點著，將白菜、芋頭和食用油下鍋，連同其他的菜蔬加在一起煮。

掀開鍋蓋，「啊，好香！」德慈直到晚年還記得師父幫德融煮好午齋，告訴他們：「這叫做羅漢菜！」師父出家前在豐原慈雲寺掛單，寺方農忙時，她煮點心送到田裏去，生火做飯菜的功夫早已受過訓練。

凡事學會才輕鬆

學會做菜不是一朝一夕，「誰教你當女人呢？」紹雯的母親聽見女兒的心事，由衷地吐露自己身為女人的苦處；不過，出家修行同樣需要柴米油鹽，肯定得學會在大寮做飯。下回，紹雯的姊姊來，轉達母親的吩咐——

媽媽要我注意，炸東西的時候記得要從鍋邊輕輕放下去，這樣油才不會噴濺出來；如果不小心被熱油或滾水燙傷了，可以用牙膏或鹽巴塗抹，這樣患部才不容易發炎。

德慈、德昭、德恩都擅長烹飪。德慈說，他在家負責煮飯，因為人口簡單，本來只會做家常菜，一次遇到難題，才決心學做真正的料理。

有次，養父在臺北的朋友一家人搭機前來花蓮作客。擔心招待不周，養父專程請來一位廚藝佳的阿姨，每天到市場買辦新鮮食材，德慈也在廚房裏幫忙，連續做了兩天的特別料理。好不容易賓主盡歡，客人告辭後，班機因故無法起飛只好折返。由於主廚阿姨已經回家，讓養父母一時不知所措。

廚房平日是德慈的天下，看見還有白菜，便燒了一大鍋開水想煮火鍋，可是沒有其他食材熬湯，看著白菜葉子在湯鍋沸浮，他心裏犯愁……自此激起強烈的學習動機。

德慈逐一試做阿姨那兩天所煮的菜色，實驗精神很早就萌芽，也自我訓練出備辦兩桌宴客菜餚的烹飪功力。「什麼事都學起來，需要的時候就可以派上用場。」他很早便覺悟，任何事都能做才會輕鬆，不需要事事求人。

不過，出家後所面臨的考驗是物質困窘。曾經在過年，德慈只有三條蘿蔔、幾片豆干和一些筍絲。當訪客留下來用餐，他說，蘿蔔鮮嫩，可炒可滷也可以煮湯，將蘿蔔加點自己種的芥菜去滷；蘿蔔皮先用鹽搓一搓，摻點香菜也能炒出可口的配菜。同一食料變化出不同菜色，也能讓人吃出待客的最大誠意。

無師自通為省錢

德慈年輕時就會簡易裁縫，出家後，有人送來布料，他想替師父做一件長衫。僧服不同於一般衣服的剪裁和製作，第一次拿起剪刀為師父做僧服，他很用心，卻是一記敗筆。

當時師媽買了一臺手控式的小型縫紉機給他們，德慈向東淨寺的法師請益如何裁剪。正式車縫前，他先用六塊布試做。「最重要的是領襟部分，那是最難的！」德慈製作時老覺得不理想，拆掉重做了幾次，想以熨斗設法燙平補救，沒想到布料愈燙愈虛，領襟的部分做得並不服貼。

師父當年穿著那件長衫到全省訪視貧戶，德慈隨師拍照，「那一張照片，師父的衣服就是我沒做好的！」有照片為憑，他每提一次就懺悔一次。

雖然是師父口中形容的「半桶師」，德慈最大的長處是主動學習。

我們以前沒有衣櫃，衣服摺好了只能用大布巾包起來。我用三夾板在牆角釘成三角架，看起來像「蟑螂翅膀」，上面就可以放衣服。

以前我都想辦法自己做。那時候沒有錢僱工，就要想辦法自己鋸木頭、

自己蓋，所以泥水工和木工我都會做。師父笑我是「雜路俠」，意思是「半桶師」，沒有一樣專精。

德慈自知雖會做衣服，可是技不專精。當年得知裁縫師謝寶祝（德仰）離開臺北決定留在故鄉，便力邀她來幫忙，況且寶祝正好也有意出家。而後德仰主持精舍的「衣坊間」，舉凡衣襪、被套等製作和修補等，其專長不但讓常住的僧服穿起來體面，且節省不少費用。後來還承接成衣製作來增加僧團的收入。

愈做筋骨才會勇

二〇二一年夏天，精舍的田間正在收割艾草，德昭提醒師兄弟，收割時愈接近根部愈好，它會從那裏重新長出葉子；若是莖幹保留太長，將影響下次的採收量。

經驗是時間的禮物，而僧團也需要年輕人接力。如今八十七歲的德昭雖然做不來，卻樂意傳授給早已叫不出法號，只能統稱為「少年師父」的後輩。

很多大學生來出家，不懂得種田，需要教他們。我還能彎腰時都會親自示範，看到他們把菜股（畦）打得很漂亮，我很高興！雖然菜園分作一區一區，但做事不分彼此。先拔草，土弄鬆再施肥，隨時都有菜吃。

說到種田，「我們用鋤頭耙兩下，勝過你們年輕人除草一小時。」大師兄德慈在八十六歲那年也依然自信滿滿，道是：「我們現在想做，也還能做，只是卡無擋頭（耐力）！」他只承認體力不若當年。

「以前在田裏工作，只要看見大師兄來，心裏很緊張，因為想快也快不了！」七師兄德和說，大師兄當年對待師兄弟可是很嚴格的。也許是師父開始做慈善，之後籌建醫院，全省奔波根本沒有時間管理僧團事務。大師兄基於責任，同樣以師父的高標準要求他們，代替師父「整隊」。

「我年輕時候，脾氣確實比較暴躁。」德慈晚年回顧，坦誠自己在僧團只有二、三十位師兄弟時，「有時，我還滿凶的，也會現金剛怒目相呢！」不過，大師兄不只在前面指揮，他身先士卒，常令師兄弟汗顏。

「是啊，我們稍微做一下就閃到腰或手扭傷了！『修無行』。」中生代的德寰在八旬的大師兄面前挖苦自己，德慈藉機慰勉：「不要怕辛苦，愈做，筋骨才會勇，有做就會潤滑，否則沒有彈性。」

中生代還懂得拿鋤頭。德昭來到菜園看見年輕一輩的師兄弟，大部分坐在短凳上以鐮刀割草，有的則在城市裏長大，看著滿園蝶舞歡欣無比，等到想起蝴蝶的幼蟲是來吃菜的，宛如大夢初醒，得幫忙抓蟲放生到覓食專區。

德昭想到以前繼水稻後種植旱稻，徒手拔草很吃力，他們的指甲都變成紫色，多年以後才慢慢褪去呢！儘管世代間所擅長的才能不同，精舍現今每天用齋人數少說五十桌以上，遇節日甚至席開超過百桌。來眾愈多，菜園加上僧團製作手工皂和植物淨露等，因應大面積栽種生產，在在需要有人力。德昭難免心急地想傳授耕作的工夫，但不知道年輕人學習的意願，也不知道他們能不能學得來。

腦力激盪學承擔

二〇二一年五月，德慈病重，臨終前三天多在昏睡。當主堂正在拜經，師兄弟透過手機連線在他耳畔播放，聽見領眾的維那（註二）起腔音調稍低，他的眉頭一皺——師父以前若是聽見弟子唱誦不理想，還會問是誰在唱。德慈知道師父相當在意。

師父唱誦的聲音很宏亮，有一次在「拜願」，師父唱誦「本師釋迦牟尼佛」，很多人聽了都流淚，說好像媽媽在叫孩子。拜法華經，音調是師父想出來的。有轉折也有強弱音，經文呼喚「佛菩薩」，就像迷失的孩子喊著：「爸爸、媽媽，你們在哪裏？」大家發自虔誠用心唱，拜經時有人掉眼淚，好像與佛菩薩感應。所以我告訴大家，

一定要把師父的原調好好地傳下去。

身為第一代弟子，梵唄是師父親自教授，要是學不會，師父可不輕易讓弟子得過且過。誦經前的〈爐香讚〉，「起腔一定要百分之百師父教的音，我一直都維持沒有變！」話雖如此，隨著早課後接著聆聽師父講經，為了掌握時間，後來的師兄弟不得不將唱誦改為短版，因此大師兄傳承的音韻既不易學，而後堪稱絕響。

德融記得以前的課誦本很少，師父甚至親自刻鋼板抄經複寫，他們才能閱讀背誦。經書之難得，不若現今的佛堂有電腦和大螢幕自動播放，看著照念也可以。他們以前不只兩人合看一本，後面還有一位探出頭來一起看呢！然而拜克難之賜，師兄弟在樹下無人之處，或夜間站在路燈下背誦經書，反而容易將經典植入腦海。

僧眾必學法器，靜思精舍自從早課開啟全球連線之後，稍有失誤便無所遁形。聽見擔任維那的師兄弟在早課結束後，不只一次向大眾懺悔，德慈提醒：「要學就學好，這才是真心懺悔！」

承擔執事需要自我學習。譬如德昭種田、煮飯樣樣行，負責總務還得管理物品。東西的擺放和歸位必須盯得很緊，否則讓師父看見，「這個東西是放在這裏的嗎？」德昭一聽見就很緊張。

「我這個不識字的，憨憨攏毋驚。」德昭說，總務必須負責豆元粉等食品原料的採購。他打電話請廠商提供樣品，協調價格、運費和進出貨的數量、日期，雖不會寫字，但記憶力很好，講完電話就請負責總機的師兄弟幫他記下。如此一來其他人也可參照，一點也不含糊。

德慈說，他們的學習大部分仰賴師父，但是師父有時「不教」，也是另一種教育。

有些事情不知道怎麼做，請示師父不但能避免做錯，也不會浪費時間或損耗物品。可是師父有時不說，他要考考我們怎麼做。有時還會故意說：「這種小事情也要我去做喔？」等到我們做好了，師父會來察看。

「做事情必須自己先動腦筋。」這是師父默默教弟子學會的事，也就是德慈經常掛在嘴邊的：「師父給我們腦力激盪！」

在慈濟功德會成立的第二年，《慈濟》月刊創刊，撰文、校對和打包寄送都需要人手。師父和德恩主要撰寫訪視個案的資料刊載，刊物同時也會報導地方上的好人好事。

有一次，師父交代德慈寫一篇拾金不昧的故事，另外要他畫一條蛇搭配另一篇文章。德慈在小學六年級才開始學國語注音，畢業後做慣粗活，胸無點墨的他想了兩三天還是「頭昏腦脹」，倒是那條蛇很快畫好了。

「師父會看一個人的個性和能力，即使你不會的，也會叫做去做。他說文章已經請其他人寫好了，我畫的蛇，師父認為不夠猛。」德慈比劃毒蛇吐信的樣態，笑說那張畫後來還是刊登了。

德慈畫蛇不猛，卻是師兄弟口中的降蛇高手。精舍早期四周荒涼，師兄弟只要看見蛇隻出沒，一定直呼：「大師兄！」

當德慈與蛇面對面，師兄弟害怕得頭皮發麻，不但有雨傘節、眼鏡蛇等毒蛇，有時母蛇、公蛇同時出現，甚至發現蛇窩裏還有小蛇。德慈拿著布袋和火鉗，「溜公，我不會害你，你不要滾龍（意即翻滾），才不會夾傷你，我帶你去別的地方。」三句話便將蛇郎君請入袋，帶著牠們到野外放生。德慈的慈悲沒有敵人。

德慈當年跟隨師父訪視照顧戶，不只要拍照，也揹著一臺八厘米攝影機錄影以留存史料。購買時向照相館老闆請教操作方法，加上小時候愛看電影，對於取景多少有點概念，他便大膽執鏡。後來師父決心蓋醫院，他所拍攝的慈善訪視紀錄，經過專業剪輯成為珍貴的影片簡介。

德慈說，操作照相機的光圈和焦距，只是將經驗融會貫通。自己略懂裁縫，對物品的尺寸有概念，目測就能預估距離，凡事舉一反三。

德慈做什麼像什麼，不擅長的事也勇於承擔，不會的就去學。話說師父開辦貧民義診所，德融、德恩為了幫忙包藥，也去學習英文字母，強烈的學習動機就是希望自己能派上用場。

「以前什麼事都要自己來，所以都要學會，三刀六槌都要會用。剃刀、剪刀、菜刀，要會煮飯、做衣服，也要能敲鐘、鼓和磬槌。連鐵鎚也要會用，才能做土水，雖不專業，至少能用。」德慈笑說。

僧團昔日人少，第一代弟子發揮潛能自我訓練，堪稱通才；後來出家的年輕人學歷普遍提高，甚至是社會菁英，然而「三分六槌」依然是出家必備本領。

出家人不能太脆弱

從過去到現在，務農和做手工代工都需要大量的勞力，「有人想來修行，我們總會告知這裏不是來誦經、打坐，而是做！做！做！」德慈指出，光是這一點就令許多人打了退堂鼓。僧團的出家眾人數成長並不快；然而，透過執事多方學習，不但做事使得上力，也能體會他人承擔事務的難處，常住才有力量。

德慈晚年身體尚可，只是苦於膝關節退化。「我一直做事，身體痠或痛，晚上把藥一吃或藥膏抹一下，做事要勇敢。」他說。

後來退化的雙膝先後接受手術，術後疼痛未消，需要時間復健。在出院前，院方叮嚀適度休息和保養，「否則會砸了我們醫師的招牌！」德慈也明瞭醫療團隊煞費苦心。

開刀出院回來的第二天還坐在輪椅上，師父看見了，就說：「你真好命！」我慢慢站起來感恩師父。師父又說：「你太好命了！那些獨居老人，像你這樣也是在做環保……」

師父就是喜歡用這種激將法！他要我勇敢，不能軟軟的。

「看師父走路的姿勢也知道很吃力，但是他不像我們會去找醫師處理，也不喜歡人家扶他。」德慈說，師父的膝關節也逐漸退化，幾年前弟子們體恤師父，本來擬定四、五位人選代替師父於初一、十五在佛前上香，「可是找不到！年輕的不敢，年老的膝蓋跪不下去，中生代的也都不敢。」德慈表示，沒有人敢於代替師父的位置。

師父經常抱病，卻用精神提起毅力。一次歲末祝福行腳開示時，突然在臺上停頓幾秒鐘沒有說話，不多久才解釋方才一陣暈眩。

師父本身有心臟病，年輕時經常發作，卻從來沒聽說送過一次急診。即使到老，除非行腳，對各地的環境不熟悉或必須上下階梯，才由弟子適時攙扶；在精舍的早、午齋時間，偶爾見到約莫六、七歲的孩童走在師父前面充當「肩頭枴」，否則師父很少讓人攙扶。

「師父說，出家人不能太脆弱。」德慈指出，師父很喜歡松樹的蒼翠與遒勁，無論處在任何環境，依然挺直向上，也常以此意象勉勵弟子：「難行能行、難忍能忍！」

（註一）三刀六槌：是指菜刀、剃頭刀、剪刀，以及木魚槌、鼓槌、鐘槌、磬槌、板槌、鐵鎚。

（註二）維那與悅眾為執掌法器的兩位執事。維那執引磬，於唱誦梵唄時起腔引領大眾；悅眾執掌木魚，與維那擔負節拍調控，為佛門中頗為重要的執事。

參考資料：

《一蓑風雨任平生：樹家風　立典範　守志不動的德慈師父》，靜思僧團、葉文鶯、陳美羿等著，慈濟傳播人文志業基金會經典雜誌出版，二〇二一年七月。

說我所做，做我所說

我不會講話也不懂接待。師父說，客人來了要和人打招呼，不用說出一篇大道理，誠意就好。我們已經在做救濟的工作，一定要讓人知道。——德慈法師

德慈換上僧服，才知道自己並不具備「講經說法」的能力。懷著「弘法利生」的志向，畢生雖言不及經典，在靜思精舍的參訪導覽，「慈師父講古」卻深受喜愛、叫好又叫座！

證嚴法師以羸弱多病之軀開創常人難以辦到的善行，並以慈濟志業印證佛法。他開示的佛理淺顯易懂，更經常穿插真實故事，那是一般人常見的遭遇、困惑和心態。得與會眾「談情說愛」，進而勉勵「拉長情、擴大愛」，藉以消除煩惱、淨化心靈，不但大受歡迎，會眾也能信受奉行；從小小的善念、善行做起，改變自己。

德慈被師父第一個點名要「站出來講話」，接待精舍的訪客時，他依照師父吩咐：「講你所做的。」所言並非「傳說」。雖然拿著麥克風講話很緊張，所講述的內容都是信手拈來不必打草稿。

德慈自稱「鄉下人」，個性草根素樸，經由他的導覽，會眾參觀佛堂、菜園、蠟燭間、衣坊間等，小小的精舍讓人快速穿越出家人的修行生活，也窺見常住不平凡的志向，對於「出家」和「佛教」的印象也大為改觀。

感動人心的，從來不是言語，而是真心誠意的作為。

證嚴法師決心籌建慈濟醫院後，便經常外出行腳。當師父不在時，德慈代表師父主責接待訪客，他講述「靜思」精舍和「慈濟」的緣起，在不經意中，字字句句都在弘揚佛法、利益眾生，帶給人無比的震撼！

不會待客，豈能度眾

證嚴法師在創辦「慈濟」之前，跟隨修行的弟子們一舉一動都在他的眼睫底下，他嚴格塑造弟子們的威儀，也教他們讀書涵養氣質，同時訓練他們獨立思考和口語表達的能力。

每天早、中、晚，師父都教我們讀書。讀《論語》，內容比較長的一次三篇，短的一次四篇。師父叫我們背書，「背起來就是你的，隨時可以拿來用。」

有一次，師父講述釋迦牟尼佛成道的故事，講完後要我們輪流講大意，「不是按照我說的話原封不動講一遍。」師父要我們融會貫通，消化後用自己的話來表達。

證嚴法師不要他的弟子「如是我聞」照本宣科。覆講，是考驗個人的整合與應變能力。德慈不只背書、覆講很緊張，面對訪客，他自知「憨慢、不會講話」，可是身為「大弟子」、「大師兄」，德慈沒有任何藉口，硬著頭皮也得承擔。

早期我們四位師兄弟，大家相互照顧，一起認真工作，團結合作也很認分。我大多跑外面的工作，像是載地瓜去賣，他們就做裏面的工作，割草、種地瓜等農事，我回來後也一起做。

我不會「外交」（意即不善交際），不懂得應對客人。功德會成立後經常有會員來參訪，三位師兄弟都說：「工作我們來做，不要叫我們去接待客人。」「大師兄，有人來了！」聽見他們叫我，一會兒師兄弟都走開了，我只好去接待。

有一次我跟師父去花蓮市，精舍來了兩輛計程車。當時精舍有四個人在，「有客人來了，怎麼辦？」在大殿的人躲進佛龕底下；德昭和德恩也往外跑到菜瓜棚底下，不敢出來。

早期精舍沒有電話，打電話要騎六、七分鐘的腳踏車到康樂村去。另外那一位女孩子就去借電話通知師父，說有客人來，我們匆匆忙忙地趕回來，結果客人已經離開了。

「客人來看一看、繞一繞，沒看見人就回去了。」聽見大家這樣說，師父認為我們已經在做救濟的工作，一定要學會解說，讓別人了解。

「說我們所做的。例如訪視個案是什麼情形，濟貧基金是大家發心護持的……」師父說，訪客老遠從臺北來，沒有讓人家了解就回去，也是辜負了人家的心意。

「客人來，我們要與人打招呼。誠意應對就好，不一定要說出一篇大道理。」師父教我只要用誠意。

慈濟的腳步飛快，師父行腳的次數愈加頻繁，在外的時間也愈長。德慈說，後來參訪的人愈來愈多，有一次來了大約二十個人，必須用麥克風講話才能讓大家聽清楚。

「第一次拿這支電風……」德慈事後才知道自己在介紹時過於緊張，將麥克風講成電風扇。「與人聊天還好，拿麥克風講話不簡單，一緊張，腦袋就空白了！」德慈一次次「漏氣求進步」，後來講古很能帶動氣氛，他沒有加油添醋。

我都講古早的故事，初到這裏親近師父修行的點點滴滴；我們所走過的路，和體會師父偉大的精神。我不太會表達，只是學到師父所說「只要出自一片真心。」我很單純，不會彎彎曲曲，「直心就是道場。」

勇於承擔，讓內向安靜且缺乏自信的德慈日後成為靜思精舍「講古第一」，其弟子純賢於師父病逝後追憶：「我的師父比較『敢』！」

德慈被認為擅長「外交」，是自我的突破。

二師兄德昭生性害羞，不曾在知客室接待訪客，也不為參訪者導覽、講古。之前在普明寺與德融一起下田，遠遠地看見附近農民走來，其實也認識，只因陌生，「融師父！」他呼喊救兵出面應對。

德昭不識字，連國語都聽不太懂，見有年輕人到精舍參訪，他很高興。

老實講，我很愛招呼人，可是不太會接待；因為到現在我只是稍微學會講一點點國語，又怕別人多問，我不會回答。所以見到客人就請他們到知客室。

礙於不擅言語，「飯很多，盡量吃！」德昭簡短招呼，承擔的執事都屬幕後。師兄弟害羞的程度，德昭轉述他們被笑：「就像池塘裏的魚，看見有人影走近了，就嚇得躲開或藏在蓮葉下面。」

有趣的是，德昭的救兵德融只要與大師兄在一起，他又變成無話之人，躲在大師兄後面。

「到大陸賑災，大家都推舉我代表精舍也要代表師父，不能不講話。德融堅持不說話，我不能說我不要當代表。」德慈勉為其難，只因「大師兄」的角色就得扛下責任。

「二師兄和我都是鄉下人。」德融說，他們兩個自小就是種田底子，多承擔作務可以，不要叫他們上臺講話。

五位師兄弟，三位表態是「鄉下人」，不擅言詞。四師兄德恩雖然聰明活潑又風趣，他喜歡寫作，書也背得很好，然而並非能言善道，況且對外有大師兄在，他也默默做事。五師兄德仰說過自己不是鄉下人，但是天天踩著縫紉機，他最熟悉「布語」，也相當省話。

無關口才，勇於承擔

被時勢逼得不得不對外開口的德慈，第一次代表師父出國是到韓國。一九八六年，韓國妙喜法師到慈濟參觀，而後效法從事慈善，五年後創辦南陽養老院。德慈帶著師父的賀禮前去。

有生以來第一次出國，就是代表師父去韓國。人家說楓葉很美，我都不知道。去了三天，第一天到達已經晚上了，去養老院的路上很暗，沒有路燈。第二天啟用儀式，因為要代表師父致祝賀詞，我坐立難安！第三天參觀寺院。

回到精舍，人家問我有沒有看到楓葉？我說沒有。有沒有什麼不一樣？我說道路、房子都一樣，只是看見的文字不同。

有所承擔也老成持重，德慈出國既不觀光也不購物，一段段忠實地說出自己所參與和經歷的事，也因為不假修飾、「原汁原味」，十分有趣，甚至引人哄堂大笑，因此廣受歡迎！

殊不知，德慈晚年透露：「當眾講話，我還是緊張得發抖！我怕講得不好。雖然講過那麼多場，面對師兄姊也一樣會緊張、有壓力。不像師父那麼厲害，一年到頭都有話可講。」發自內心的真實語，彷彿讓人看見那個自小在養母嚴厲管教下，「有耳無嘴」的小女孩。

證嚴法師激發弟子的潛能，而德慈也有承擔的勇氣，才能練就站著能割稻、講古，坐著能寫字、繪畫的本事；然而德慈不曾高估過自己。

我所分享的是早期親身體驗，如何辛苦走過來的生活點滴。如果要我講出一番道理，我就不會。

德慈如其所述，他並非口才好，難以被取代的是「說我所做、做我所說。」而光是師徒早年所做的事，便有講不完的故事！

從鋤頭到畫筆

我們認真做、認真學，做一些東西來賣，不只能維持僧團的生活，也能護持慈濟志業。——德慈法師

德慈是修行人，不是藝術家。年過五十做手拉坏，七十歲開始學畫，到了八十七歲生命最後還推出陶藝雕刻代表作。他不是愛上藝術，而是藝術發現了他。

靜思精舍的「陶慈坊」以德慈為首，早年生產杯、碗等生活器皿，以及觀音菩薩、小沙彌等佛系小品；後來創作陶版、陶燈、陶甕系列，將藝術融入「靜思」精舍與「慈濟」語彙，有別於一般生活器物，極富收藏價值。

陶慈坊並未聘請專業陶藝大師，由德慈帶著少數職工與志工，加上來自全臺甚至海外各地的專業志工不定期助緣，職人與素人相互激盪，創作出一系列質樸的作品，自成一格。

靜思精舍做手拉坏、成立「陶慈坊」，並成為僧團收入的一條生產線，緣自證嚴法師以一句話開了頭，大弟子德慈一路堅持做下來，那已經是三十五年前的事了！

玩笑成真，開起陶坊

「當時也沒有想到會做陶瓷。」德慈說，一九八七年，花蓮慈濟醫院啟用的第二年，國寶級的陶藝家吳毓棠教授前來拜訪師父。

師父也欣賞藝術作品，就跟吳教授開玩笑說請他來教我們燒陶，教授就真的來教，他把自己的電窯爐、轆轤、煉土機和釉藥送來，又請一位在國中教陶藝的王老師來教我們。

不久，慈濟醫院一周年的紀念日快到了，師父正想著要如何感恩這些護持蓋醫院的大德？我們拿了一尊日本製的觀世音菩薩頭像給師父看，非常莊嚴。

觀世音菩薩「聞聲救苦」與醫療團隊「搶救生命、拔苦予樂」的精神意象相符，師父決定致贈三千份的觀音像結緣品，可是距離周年慶不到一個月了！德慈工作一向上緊發條，吳教授更是大師出手，他們迅速地先做出軟模再灌入石膏，脫模之後先烘乾再噴色。此外專程到瑞穗找木頭刨成木片，烤出年輪當作底座，同時訂製精巧的外盒包裝。於是一份精緻大方的結緣品，讓師父送禮既體面又省荷包。

多年後回憶趕製過程、完成幾乎不可能的任務，「吳教授都胃痛了，我也好像心臟病要發作！」德慈笑說，他們不能讓師父「漏氣」！

周年慶做出口碑，這個無心插柳的手拉坏工作室，儼然成為師父對外結緣贈禮的「研發生產部」。兩周年慶的紀念品由他們製作壁燈，圖案採慈院大廳那一幅「佛陀問病圖」壁畫。那時三千份結緣品早已不足，額外加贈其他結緣品一千份，還是有人向隅。

隨著慈濟醫院的開辦，「花蓮慈濟」、「證嚴法師」、「靜思精舍」的知名度逐漸打開，參訪與護持的民眾愈多。到了慈院三周年慶，師父已經送不起那麼多的結緣品。

任何東西只要受到歡迎，很容易成為商品，「開始有人想要請購。」德慈說，他沒想到自己學會做陶，而且有人主動詢價。結緣品成為流通物的第一塊敲門磚。

「我們自力更生，所以就用來維持常住的生活。」德慈順水推舟，從手拉坏拉出一條手工生產線，一做就是四、五年。在精舍的「流通處」，參訪的會眾可以在這裏請購常住自製的蠟燭、豆元粉和陶器皿等。

「我們做出來的物品都是家庭實用性的，要不然就是佛像，邊做邊賣，多少能增加常住的收入。」德慈很感恩參訪大德的護持。

一九九一年，慈濟基金會實施系統電腦化，精舍陶藝燒窯的用電量經常導致跳電，不得不畫下休止符。十年後重新啟動，由陶藝家黃仰明老師發心教學，手拉坏的作品減少了，重新更名的「陶慈坊」改以灌模和半成品加工從事陶藝創作。

融入歷史，藝術無價

利用之前留下的一個陶甕半成品，德慈與黃仰明老師合作出第一件作品「母子圖」。證嚴法師經常開示「行孝要及時」，他們遂以孝道為主題，由黃老師繪圖，德慈在陶甕上雕刻創作。

證嚴法師讚賞這項作品，並提出以「慈濟緣起」為創作主題。於是德慈講述師父為了修行而翹家到花東，後來建立道場並創辦慈濟功德會的故事。黃老師的第一張畫描繪師父落腳臺東的第一站「王母娘娘廟」，之後來到花蓮普明寺後面的小木屋修行，而後師徒牽牛耕作、自食其力，並成立功德會發起「竹筒歲月」。他們用陶藝寫歷史。

每次黃老師來，我就講故事給他聽。請他畫出來之後，我再雕刻，一起把作品做出來。

我本來就對畫畫有興趣，但是沒有基礎，都是自己腦力激盪，黃老師也有教我。我把他的畫描在圖上，再按紋路來雕刻。

繪畫是平面的，雕刻是立體的，要有概念才有辦法刻。像雕刻屋頂，我要想怎麼刻，才能雕出立體的感覺，而且逼真。

那些原本刻於心版的艱辛歲月，在黃仰明的專業與德慈的用心之下，慈濟故事「十二因緣」的陶燈系列，也讓德慈的「慈師父講古」有另一番的參照，創作能量很珍貴。

這是師父剛來普明寺，住的小木屋在高壓電下面，若下雨，高壓電會發出「ㄑㄧㄑㄧㄑㄧ」，相打電（觸電）。

這是「竹筒歲月」，婦女去市場買菜向人宣傳，鼓勵每人每天省五毛錢存在竹筒裏，慈濟開始做救濟的典故。

這是在精舍前面的農地，我們插秧、擔秧苗，有時挑擔過重而跌到車子底下去。剛開始我們也種黃豆，豆子收成後攤在地上曬、打豆莢……

德慈對於早期生活倒背如流，而陶藝作品將歷史具象化，讓他在講述時感觸更深！

除了慈濟故事十二因緣，陶燈系列還包括「福慧燈」，鏤刻取自《無量義經》之「靜寂清澄，志玄虛漠」等三十二字優美經句，透光的咖啡色陶燈吊掛在精舍大殿主堂，象徵法輪常轉。此外「無量心燈」的作品系列，也以精舍早期生活為主題。

「幾乎每一張圖所做出來的作品，都有我的一段回憶，很有意義也很有紀念性。」德慈說。

而當作品被賦予意義，便不同於一般器皿。「不要把精舍賣掉！」證嚴法師提醒德慈，這些作品具有收藏的歷史價值，雖然生產線需要考慮成本，但也不希望在量化之後流於商品化。

有容乃大，教學相長

師徒同樣年過八旬，當師父帶領全球志工在前面拚著老命濟助蒼生，大弟子德慈怎可能在陶慈坊沈浸於藝術的唯美境界，用創作滿足自己呢？「我沒有畫畫和做陶的基礎，都是為了生活而硬做的。」德慈說。

一早，德慈在陶慈坊坐定，一排排素燒過的陶杯正等著他書寫「靜思語」。小小的杯面能容納的字數有限，句子必須精選，他專注地趕工以儘早完成訂單出貨。只要一天未完成，「晚上睡覺也會有壓力。」

精舍常住的生活與接待來眾的一粥一飯、一張紙、一滴水，都需要有收入來平衡支出，他雖然已不負責僧團的財務收支，卻事事關心。

德慈年輕時用鋤頭墾荒、務農，晚年則以毛筆和雕刻刀造屋、刻山，他直心，因此藝術在他眼中沒有那麼遙遠。務實的他看重這條生產線，「我們認真做、認真學，做一些東西來賣，不只能維持僧團的生活，也能護持慈濟志業。」這是他不斷精進創作的動力。

身為陶慈坊的靈魂人物，德慈為培養陶藝的美感，偕志工到陶藝重鎮鶯歌參觀，順便購買釉料回來試做，觀察釉燒的變化，很有實驗精神。雖然是個素人，「慈師父是從基礎做起，每一項都親自做過，所以他都懂。」長期志工陳貴珠觀察。

「慈師父的創作風格不是精雕細琢，他用劈的，馬上有型！」陶慈坊的雕塑家志工賴偉正，也欣賞慈師父的草根與樸拙個性。

從事專業陶藝雕塑需要不同的刀具，黃仰明笑稱德慈「一刀走遍天下更稱讚：「拿刀比拿筆還棒！」

德慈好學又謙卑能容，他讓人人來到陶慈坊自由發揮、貢獻所長。他不強調個人風格，而貴在相互欣賞，和氣以待。只要陶慈坊有專業志工出現，他總是虛心求教：「老師，請您來教我好嗎？」

「老師，您住在美國那麼遠，若能住在臺灣，我不會的，還可以請老師指導。」在美國從事陶藝教學與創作的了道老師（Terry Rothrock），就是被德慈的這番心意感動。他的妻子是花蓮人，夫婦在靜思精舍駐點九個月，做出許多大型的手拉坏，德慈相當讚歎與感恩。

而俗話說「教學相長」，了道老師對於陶慈坊志工和諧分工，共同完成雕刻、上釉的運作模式歎為觀止，表示返國後也將運用在社區。

畫作義賣，廣結善緣

德慈年近七十才學畫，自認畫工並不好，在專業志工莊淑瓊老師的指導下，於三年內創作四十多幅山水畫作品。二〇〇四年底印度洋大海嘯，慈濟發起「大愛進南亞，真情膚苦難」募款援助災民，臺北的志工為德慈舉辦畫展，他慨然捐出所有畫作，其中三十多幅被認購，善款全數化作賑災基金。

「我沒基礎，莊老師說幫我改一改就好。」德慈不曾想過能開辦畫展，他感恩莊老師的指導以及志工的護持，「習作」透過大家的愛心連結，一介出家人才有能力為災民善盡棉薄之力。

三年習作幾乎義賣一空，無形中也增長德慈在藝術方面的自信，不若許多拿慣鋤頭的農民，總是自嘲拿起筆來反而沈重。

「我都是撇撇撇、點點點，大膽畫下去！」德慈不只在紙上畫，也在陶藝品作畫與雕刻。曾經有人看見他正專注在創作，形容「靈魂好像灌注在裏面！」

三師兄德融知道大師兄一工作起來相當專注。陶慈坊距離主堂較遠，他擔心大師兄若沒有板聲提醒，缺乏適度休息有礙健康，幾次鼓勵他回到知客室幫忙接待訪客，然而德慈自認對陶慈坊有責任。他和大家一同創作，每天為大家煮點心。擅長料理的他知道誰愛吃飯或麵食，喜好鹹或甜滋味，就像母親疼愛子女般，他讓人人吃出幸福，關心大家的健康。

德慈道出，老來耳力與腿力不佳，待在陶慈坊安靜做事，反而適得其所。事實上陶慈坊因為有他在，這裏相當於另一個小小知客室。

許多慈濟的老朋友偶爾回來，由於師父的訪客和會議太多，他們見不到「上人」，至少要來見見「慈師父」；特別是打從慈濟草創就跟著師父一起打拚的那些人，只要見到德慈，不假言語，一切盡在不言中！

一同走過慈濟歲月的居士大德或法師們，老朋友老了，卻有新的煩憂。有的因病老的健康問題，有的為兒女和事業擔心，感情與金錢的債也不知道誰欠了誰。德慈奉茶談心，化外的觀點或來自僧人的安慰與祝福，都能讓眾人歡喜而歸！

德慈以前擔任知客師，就像心理諮商師那般，聆聽不少人的心事，讓那些藉由來到寺院祈求或得到內心平靜的人，得到寬慰——

有的人事業失敗了，精神分裂的人也有。男女感情是最難辦的！應該斷的感情斷不了，一個要放、另一個又不肯放，也不能一下子就切斷……還有夫妻吵架，太太賭氣離家出走，帶著一個包袱搭車來到我們這裏。有時也必須收留她們一兩天，先安慰再聯絡家人來帶回去。掛單要留下姓名和電話，我會打電話去她們家稍微了解情形，要讓她們的先生或是家人知道，請他們來帶她回家。

因為適時接住了許多婦女內心的徬徨失措，在歡喜落幕的小出走之後，有些人在家庭的角色之外，加入慈濟會員或志工，就這樣與精舍和「慈師父」結下了不解之緣。

「你跟慈濟人結的緣，比師父更深。大家來精舍都找『慈師父』，跟慈師父接近時，很自然的有說有笑；但是來到我這裏，規矩嚴肅。」證嚴法師在德慈病重住院時，師徒以視訊對話，沒想到師父反倒羨慕他呢！

師父是「父」，德慈的親切與慈愛廣結善緣，他似「母」。

失意得意，活出創意

送走客人，德慈重拾畫筆，在陶杯畫出虛無縹緲的群山間，飛瀑直瀉而下，松樹下的小茅屋，僧人獨坐，天空有飛鳥一高一低。想像中的世界落於筆下，「很想去那裏！」他羨慕僧人幽靜打坐，多像師父早年嚮往的山中清修！然而，他也喜歡畫房子，「慈師父最會蓋房子了！」大家笑說。

結廬在人間，「有厝才有人，有人才有力量。」德慈想到師父當初帶著他們幾位弟子無處可去，既找到落腳處，廣邀來眾才能凝聚力量。不只是小小的陶慈坊憑藉大家的力量才能做起來，慈濟在各地的會所也是就近接引民眾行善造福。

藝術創作是與自己的對話，創作往往源自內心的力量。德慈經常畫松樹，細細描繪著松針，昂揚有勁，就像他一生都用力開展自己，不屈不撓。

德慈晚年在繪畫上的指導老師是慈濟委員謝素娥。德慈依著老師的指導，手中的畫筆輕輕一撇、淡淡一點，群山圍繞著一片金黃色的大地，四名僧侶穿著短褂、戴著斗笠在田間工作，他們已經收割稻穀，正踩著風鼓脫去稻殼。一束束捆好的稻草整齊地排放在地上，曬乾後可以用來燒柴生火。秋風揚起他們的衣角，收穫愈重，肩上的負擔愈輕……德慈遙想當年師兄弟拿著鋤頭或鐮刀收割，如今手上的畫筆輕輕勾勒了農禪生活最雀躍的季節。

「畫畫，也是慈師父最好的止痛藥！」謝素娥說，慈師父作畫時宛如進入禪定。

即使在病歿的幾個月前，德慈甫出院不久，乘著體力尚可，來到陶慈坊安靜地修整佛像。「修整佛像，就像人的個性必須經過不斷的考驗、磨鍊，磨掉習氣，才能成就好的人格。」德慈慢慢地修整，也在觀照自心，絲毫不馬虎。

在八十七歲這年，德慈完成了兩件代表作品，一大一小。兩個手拉坏，陶甕和陶瓶的坏體本應飽滿，圓弧的中身卻像被人攔腰揍了一拳，出現凹陷和大大的開口。因為拉歪了，準備要被廢掉。

「那只是歪了，不是壞了。」德慈認為，「藝術的東西不一定。歪也有歪的美，只要你能完成出一個作品。」他在歪掉的坏體，利用凹皺處當作山坳，在上面雕了一棵松樹，樹下的房舍依山而建，農夫牽著牛、擔著柴，就路歸家。

第二個作品是日本的福神，他利用嚴重歪扭的瓶口，讓福神猶如從靈魂發出笑聲！德慈的心裏也在發笑吧！

出生時甫張開眼睛，「生女孩做什麼？」這是父親見到他第一眼時，對母親所說的話。父親並非不愛他，只是生不逢時。

來到養家，本應稱作「姑姑」的養母待她嚴厲，自小就是乖寶寶的她，成年後一心想要出家，歷經挫折考驗才總算如願以償。在人生一開始，她好像拿到一副壞牌，但是做人認分、做事認真、待人真誠，盡人事而不強求，德慈無異也創作出純美的一生，完成了他自己！

師徒間說不出口的愛

師父的身體不好，我們欠人家錢，貸款壓力很大，沒有能力可以給師父吃些營養的東西，所以我們都感到很內疚。——德慈法師

德慈摸摸口袋，想到師父的肋膜炎經常發燒，連坐車顛簸都會疼痛。知道弟子沒錢，師父根本捨不得看病。

師父發燒，手也很燙，竹蓆是涼的。師父一直用手摸他睡的竹蓆，我心裏真的很難過。我問師父要不要請醫生來打針？他說不用。

師父的體質特殊，必須使用藥性溫和的藥物，不能任意打針。有一次他們請醫師來幫師父打了一針，德國進口的藥物很有效，但是一針要一百多元；百元在當時比一斗米還貴上許多。之後，師父身體不舒服都不讓弟子們知道。

「我們連生活都難熬，沒有錢買營養的東西，也沒有錢請醫師來。」德慈還是想到中藥行詢問有沒有良方可治。

德慈憂心地向藥行老闆敘述一番，老闆建議吃點燕窩。

「燕窩一斤多少錢？」

「燕窩是很貴重的東西，是算兩來賣的。」老闆介紹的這種「雪燕」，一兩一百二十元。

德慈沒見過燕窩，掏出口袋僅有的八十三元，相當以一斗米的價錢，換來眼前輕薄如指甲片般珍貴的燕窩。老闆教他分成兩次燉煮，他回來分成三次燉給師父服用。幾次過後，師父也感覺肺部和眼睛比較舒服，主動問起：「那雪燕一兩多少錢？」

德慈心頭一驚！師父可沒問「一斤」多少錢，但他知道絕對不能如實回答，否則師父以後肯定也不吃了。

「一兩二十五。」師父聽了沒有起疑。德慈之後繼續買，身上有多少錢就買多少，就算只夠燉煮一次也好。

有一次，師父到臺中看師公上人（印順導師）。老人家氣管不好，師父孝順，就拿了一百元給他的弟弟，請他去中藥店買燕窩。一會兒，弟弟打電話回來問要買多少？師父說四兩。弟弟告訴師父，燕窩一兩一百二十元。

「師父這才知道被我騙了！而有了這樣的壞紀錄，以後我再說什麼，師父都不相信了！」德慈話雖如此，師父怎可能不知道大弟子把錢拿去替他買了珍貴的補品，而他們飯桌上吃的又是什麼呢？

不假言語的慈愛

師父患有心臟病，有時會心絞痛，醫師也勸師父要休息。但是慈善工作開始之後，師徒的生活既忙碌又困窘，經常身上連一毛錢都沒有，「沒錢請醫生，也沒有能力買些好的營養品讓師父補補身體。」德慈說，師兄弟都感到很內疚。

在濟貧的第二個月，功德會幫助婦人盧丹桂開刀治療青光眼，光是醫藥費就高達五千元。師父念及婦女若因眼疾而造成失明，日後難以持家並照顧子女，偏偏看待自己的身體無關緊要。德慈等師兄弟對師父盡孝，其不忍他人受苦而寧可自己多做一點、甘願辛苦的這一分心意，正是他們同志同道結為師徒的原因。

不只師父生病不捨得看病，弟子也是。有一次，德慈差點因此而被逐出師門！

由於長期的營養不良，加上工作勞累，德慈經常頭暈，大熱天也在田裏曬到中暑。惹師父生氣那一次，是午休過後倦極難以起身。僧人以板聲為令，師父以為他貪睡，不守門規。

「紹惟！」一點半，師父親自來叫他。

兩點、兩點半，德慈的身體像無人操作的傀儡，綿軟無力。三點了，「你不是我的徒弟！你給我出去！」師父生氣地抓起德慈包著幾件衣物的布包往外丟！德慈這才哭著說是身體不舒服。

「生病了，為什麼不去看醫生？躺在床上睡覺就會好嗎？」

德慈一向有問有答，師父見他低頭不語，「現在是怎麼樣？」在師父的逼問下，他坦承沒有錢。

「沒錢，借也要去看病！」師父說的話從來不適用在自己身上。師父可以裝作沒病的樣子，可惜德慈的功力沒有師父好。

為了省錢，師兄弟只要身體不舒服，總先試試服用草藥或相互刮痧，不得不的情況下才會就醫。打針一次要二十五元，相當於僱工除草一天的工錢，他們怎捨得用在自己身上？

差點被師父掃地出門成為喪家之犬，「就算被師父從前門趕出去，也要撿起包袱從後門自己進來。」德慈事後向師兄弟表白，而這些話偶然被師父聽見了，「這樣才是我的好弟子！」師父肯定的話語也沒有當面讚許德慈，只是講給慈濟委員聽。

師父對弟子表面嚴厲，甚至加以斥責，弟子多所敬畏；然而，師父疼愛弟子的心，不假言語。

「師父對弟子的愛深入骨髓，就是要塑造你真正像個出家人。他不是表面摸頭，也不會因弟子不舒服就來噓寒問暖。」德融說。

一天，德融交給大師兄一條織得特別寬大的圍巾，還有一條圍在腹部保暖的肚兜。那是師父之前叫他織的。

「怎麼有錢買毛線？」德慈最清楚僧團的處境，怎還有辦法替他織圍巾？德融說，那是用之前織毛衣剩下的毛線，不夠才又去買了一些，並沒有花很多錢。德慈看著由赤、黑兩色拼湊織成的圍巾，十分感動！除了感恩德融，師父不假言語的愛也在他的心裏熨燙。

德慈想起那天，從市區將騎車回普明寺，寒風細雨，單薄的衣裳難耐如此的颼涼，許聰敏老居士的太太拿出一條小圍巾讓他圍在脖子上。回到普明寺，他還是直發抖。

「今天好冷，許老太太拿了圍巾給我保暖。」德慈向師父解釋脖子上的圍巾是怎麼來的。師父當面沒說什麼，沒想到私下吩咐紹雯織了圍巾和肚圍；雖然師父沒有親自送給他，他明白這就是師父的愛！

難以度量的慈悲

德昭當年離開慈善院準備到臺北受戒，並另覓道場安身。他來普明寺向證嚴法師師徒辭行時，整個人明顯消瘦，身體欠佳，只好讓女兒田琦瑛先去跟她的阿嬤住。

證嚴法師兩年前在慈善院講經約七個月，蒙受住持妙賢長老尼的照顧，得聞其弟子達慧（後來的德昭）準備離開，婉勸他還是留在慈善院。

「師父起初不敢留我，一直勸我回去。」德昭說，師父後來知道他去意已堅，才建議不如暫且和他們在普明寺共住養病，等身子好些再說。德慈則挽留他在此教他們耕種，與其北上，不如留下來常住。

在地藏菩薩這邊種田，我用鋤頭掘完一行又回頭做了一半，他們三個（紹惟、紹雯和紹恩）才掘半行而已。我那時三十出頭，真有體力可以做。

德昭之前在慈善院每月領有單金（又稱「單銀」，即每個月的零用金），來到普明寺，證嚴法師自力更生、不受供養，不辦法會也不趕經懺，連兩塊半車錢都沒有，那時他的身上倒是有錢。有時還替常住買油、買肥料，打點一些費用，畢竟成為這裏的常住，也就不分彼此。

即使證嚴法師師徒後來成立自己的道場，前來參訪的人從靜思精舍外觀和常住的生活，都能感受這群師徒與窮人同一陣線，自己的生活實在也好不到哪裏。

那時我的家人來看我，不贊成我繼續住在這邊，就說一間這麼小的「小

殿」，佛祖也是小小一尊，他們心疼我。

堂哥說：「你一個不識字的，如果住在這邊，以後老了人家不會要你，會很可憐！」他家住臺北，回去也跟孩子說：「恁阿姑有做才有得吃。做工作換呷飯，也沒有薪水（單金）。真可憐！」

親戚朋友都替德昭的未來擔心，「師父很瘦又有心臟病，萬一師父先走，你們要怎麼辦？」堂哥甚至提議，他在臺北的房子有五層樓，頂樓佛堂一整層都可提供德昭修行作為精舍，並供養他一輩子。總之，親友基於愛護而力勸他離開僧團。

我不覺得辛苦。如果一輩子靠別人，我就「廢棄」（意即麻煩了）啊！

德昭說，在師父還沒蓋慈濟醫院之前，他又一次生病，不明原因地頭痛、嘔吐，在花蓮被診斷罹患青光眼，師父拿錢讓他到臺北的榮總醫院檢查。「師父很慈悲，那時沒有勞保也沒有健保，看病好貴呢！」德昭說，不知師父如何湊到那筆錢，總之交給他一個信封袋，讓他搭飛機去臺北看病。

師父那時一方面做慈善，同時也在籌募建院基金，而精舍的大殿屋頂和鐵架被之前的颱風吹掀，也一直沒有能力修補。經濟能力吃緊，然而身邊弟子病得如此嚴重，他沒錢也要設法。於是德昭的親戚中有人說：「你們師父真好！你一生病就馬上拿錢給你去看病。」

明知跟著師父修行的生活很艱苦，德昭堅持留下。生活中的窮苦只要勤勞節約便可以改善，可是有件事讓德昭深信自己不會跟錯師父。

以前借住在普明寺，師父有請原住民來幫忙種田。有次那位原住民喊肚子痛，師父說應該不是肚子痛，而是胃痛，因為長期缺少油脂吧？叫我去煮麵，「煮大碗一點，再多放點油。」結果原住民吃完後真的不痛了。

「師父對原住民都能那麼關心，怎麼可能對弟子不好呢？」他深信師父非一般常人，堅持跟在身邊。後來，他在普明寺每個月的發放日也感受師父對貧苦人的慈悲。

「我們自己已經『欠』很久了！」德昭形容他們向普明寺借米、油，也向銀行借貸，負債很沈重；可是生活再艱苦，在發放日一定拿出自己的米糧煮粥，讓那些孤苦無依的老小吃一頓飽。

「常住的生活也很艱苦，所以都是煮鹹粥或煮麵，收成芋頭就加芋頭，有豆子就煮豆子稀飯，簡單煮給照顧戶吃。人來得多一點，就多加點水，每個人都有得吃，只是吃得好或不好而已。」德昭說。

在普明寺前，每個月清清如水足以映照青天白雲的那一鍋粥，後來成為師父的一句名言：「一粒米中藏日月，半升鍋裏煮山河。」那是師父對眾生平等的愛，光可鑑人！

敬師愛師如父母

師父知道弟子工作很辛苦，無論是下田割稻、採花生，還是功德會的發放，《慈濟》月刊的出刊郵寄，師父都會一起做。師父燒開水為他們送茶水，也讓他們下田回來就可以沐浴。每到六月天，師父會在上午九點去田裏叫大家休息。

「不能讓師父叫第二次。」德昭說，師父捨不得他們在大太陽底下久曬，只要聽見師父叫喚，就要趕快收拾農具回來。

師父愛護弟子，弟子也最擔心師父的健康，尤其是心臟病發作時，只要發現師父表情不對，師兄弟立刻分頭行動，一個顧著師父，一個拿藥、一個端茶、一個趕快去拿毛巾。

德慈、德融平日做事謹慎，但有一回粗心，害師父擔心得心臟病發作！那天，兩人搭公車到市區退還一臺新買的收錄音機。本來是買來錄下師父的唱誦，以便用來反覆聆聽和練習，後來發覺不適用，退貨後他們帶著一千六百元，在回程的公車上不小心睡著，那一袋錢掉落在座位底下。下車時不察，等公車開走了，才發現錢不見了！

他們大吃一驚，火速奔至派出所報案，並打電話向公車處詢問，接著回到精舍跪下來向師父說明原委。

「怎麼那麼粗心？」師父沒有多加責備。

德慈踩著腳踏車到公車處去等候消息，幸好那一袋錢順利物歸原主。只是天色已暗，從新城街區騎車返回精舍，德慈不熟路況，為免迷路而改搭公車，但最後一班車誤點半小時才發車。

看著天色昏暗，德慈心裏急，師父也等得十分焦急，想到弟子帶著一筆錢獨自騎著腳踏車……，師父重視弟子的威儀，也有嚴格的門規，弟子沒有要事不得外出等戒規，都在保護弟子的安全與慧命。

師父擔心得向隔壁派出所借腳踏車，本想出去看看，卻一時借不到。好不容易等到德慈回到山門，忐忑不安的心終於放下，他立即轉身進入寮房。當晚，師父的心臟病又發作了！

從此，德慈等弟子不敢再讓師父擔心。德融出門辦事，估計回到精舍的時間太晚，他寧可少辦一件，趕緊回程，非常留意進出山門的時間。

曾幾何時，師父在精舍倚門盼望弟子歸來的情形改變了！

以前還在普明寺，那時候人還很少，只要師父要出門，我們心裏就會覺得有一種失落感，才出去一天，就好像「老母」不在家；出門一星期，我們的心好像都空了！

德慈說，自從師父做慈善，平日和慈濟委員訪視貧戶，每年也有全省訪查。籌建醫院之後，師父每個月行腳到臺北講經、募款，會見各界人士以尋求支持，有時也行腳到中南部。這時，換成弟子成天等著師父。

德昭也說，早年沒有電話可以聯絡，師父出門，不知哪一天回來？他們因為思念而流淚，莊是、平慧永兩位老太太甚至擲筊問卜：「師父今天會不會回來？」今天沒有，就盼著明天，弟子們天天到大馬路去等。對外那條馬路沒有路燈，他們帶著手電筒和防蛇用的竹竿出去接師父。

「後來師父為了蓋醫院，常常出門，我們知道師父是為眾生而付出，就不再感到空虛。」德慈說。

孺慕之情即使到了晚年，依然不變；而師父每每行腳前，也殷切叮嚀常住把「家」顧好。人來了要懂得招呼接待；自己要精進用功；老的要照顧年輕的，對於清修士也要多給予協助。

成為師父的護法

德融、德恩是師父的侍者；德融照顧師父的生活起居，德恩負責膳食。

德融對師父的孝順就像大師兄早年派給他的角色——看門狗。他照顧師父，夜間尤其不敢熟睡，因此長年不蓋暖被，以隨時保持警覺，像隻守夜的孤雁。

德恩對師長的恭敬，則如古人走路不敢踏到師父的影子，為師父上菜也總是舉案齊眉。一次清洗師父的碗盤，一旁的師兄弟洗手甩水，不慎潑到師父的餐具，他也會適時提醒對方。

至於守在衣坊間的德仰，雖然少有機會與師父說話，對於師父的恭敬，讓人想起阿難不受佛陀舊衣的典故，雖然那是一件新衣。話說有一位發心的慈濟委員親自替師父縫製了一件長衫，但是衣服的尺寸過大，壓縫線的顏色也過於顯眼。旁人看見德仰為之耐心修改，便問他何不留著自己穿，另外再替師父做一件就好？他連忙說：「怎麼可以？這是人家送給師父的！」

隨著僧團及慈濟志業的成長，師父身邊的人愈來愈多，出家弟子親近師父的時間愈來愈少。師父在推動醫療志業的前幾年已經忙碌不已，當各界人士和在家居士爭相與師父合照，德恩才想起他們師兄弟已經很久沒和師父合照了。

早年師徒朝夕相處，德慈還記得出去訪貧時，和師父同坐在樹下吃著便當。雖有著辛苦的一面，卻覺得很溫馨；而今只能在大殿和齋堂才有機會見到師父。

儘管師徒之間隔著太多的人與事，弟子對師父的關心依舊。師父曾經因病而連續幾天沒有到齋堂用餐，德慈不放心地邁著不穩的步伐，到師父的起居室探望。

師父的心靈無比壯大，也還是血肉之身，敵不過病與老的自然法則。德慈晚年回溯師父從過去做慈善，一路辛苦甚至蒙受委屈，剛開始有人批評師父：「雖不化緣，就辦救濟收善款拿來自己用！」師父起初也會難過，弟子們無以安慰，只能默默守護師父身邊，盡心做好本分。

「師父很憔悴，我們師兄弟要乖一點，自己的小事不要再讓師父操心了！」德慈往生前依然想著為師父分憂解勞，住院治療前還說著自己不能早走一步……可惜未能如願。

而德恩對師父的孝敬也堪稱至死不渝。他在臨終前去住院那天，還將師父的點心煮好了才告假。師父說他早該去看病了！住院後檢查才得知是猛爆性肝炎，難怪之前一直感到疲倦，而且病程進展得很快！

面帶笑容的德恩，個性陽光又時時關心別人，這也讓旁人忽略了三師兄已然病篤，第一代最年輕的弟子反而最先離開師父！德恩與二〇二一年五月辭世的大師兄德慈，都將大體捐贈給慈濟大學，奉獻醫學教育。

「我們一定要守護師父。我對師父盡忠，而且盡形壽、獻生命。」德融也將師父視為一生的導師，師兄弟同心護衛師父，當然，他的這一番話也不曾對師父說過。

還少了一個釋證嚴

師父為了慈濟志業，很忙、沒有時間，所以對內這個責任我要擔起來，照顧好常住每個人，這樣才能對師父有交代。——德慈法師

德慈比喻當年能夠皈依師父座下，就像「收音機對準頻道」，被一股電波強力吸引。當被問及跟著師父修行，生活艱難，難道不會想要放棄、不如回家去？他說他不後悔，歡喜出家。

要是怕吃苦受累，證嚴法師也不會翹家出家；人生境遇略同的大弟子德慈，與師父有志一同。

二〇二一年五月十一日，八十七歲的德慈病篤，證嚴法師也要大弟子對準頻道，牢記他所說的這段話——

> 德慈，我們師徒的緣很長，將近六十年了！你是第一位跟隨師父的，陪著師父一路走過來，很辛苦啊！今天慈濟有這樣的規模，能夠幫助全世界的苦難人，你，造很大的福，功德無量啊！如果沒有你們跟師父打拚，哪有辦法呢？
>
> 師父面對著慈濟志業，你，用心守護在常住，以身作則帶領這些師兄弟，是他們的好典範。……是你一路守護精舍的家規、做好常住的典範，才有今天的慈濟！

沒有第一代弟子的擁護，就沒有靜思僧團；沒有靜思僧團的護持，就沒有今日的慈濟。證嚴法師自從為慈善濟貧、醫療建院而奔走，便無法像以前那樣有時間親自調教弟子。他將僧團的事務交託給大弟子。

數十年來德慈承擔託付，當即將步上人生最後旅程，師父肯定並感恩他守護僧團的家規，做出典範。

德慈住院以來，一直由師兄弟輪流照顧，師父每天在精舍忙著以視訊連線，關注全球新冠肺炎疫情的發展，各地志工持續投入防疫關懷行動，也因應需求而調整援助方針。師父總想幫助更多人，天下事牽動著他的心；儘管師徒之間總是間隔著群眾，師父也記掛弟子的健康。

幾個月前，德慈因癌症接受手術治療，回到精舍休養一段時間後再度住院。他不奢望長壽，然而弟子不能讓師父擔心和傷心。四師兄德恩在二〇〇三年辭世，二〇〇五年師公上人印順導師圓寂，德慈見到師父在人前忍住悲傷，卻獨自默默承受「如割腹腸」之痛。

德慈希望自己的病況還能反轉，不讓師父為他流淚。他深知還有責任——除了常住們的生活，師父是弟子們「慧命」的母親，而師父對僧團最大的期許是能成為比丘尼的模範道場。

磨鍊心性，安忍靜慮

第一代弟子當年被師父「電甲金金（意即修理得很慘）！」德慈形容。能讓師父親自調教，是一段難得的時光。他們深知師父用心良苦。

證嚴法師帶著大弟子紹惟來到普明寺借住，兩個月後，紹雯也來帶髮修行。身邊既有兩位弟子，師父開始教他們學習法器。紹惟當維那，紹雯做悅眾，可是兩人經常敲錯，師父生氣地走進寮房關起門來。

我們兩個乖乖跪在師父寮房門外，懺悔：「明天一定會更用心。」師父還是不開門，最後是平老菩薩去替我們求情，師父一開門，我們進去頂禮懺悔。

事物的學習假以時日便能熟練，修行卻是心性的考驗，往往遇到了才知道調伏自心有多不容易！

德慈從小被養母「壓落底」，是個「乖寶寶」；然而乖巧聽話的閨女為何「膽敢」翹家？每個人都有著自心蒙昧之處，待其驚然現身，才不得不逼著自己去面對。

德慈經歷家庭抗爭終於如願出家，但接下來並非一帆風順。物質環境的艱苦，忍受挨餓一兩餐無妨；在修行上的磨礪，師父有時現金剛怒目相，刻意營造「逆境」，逼促弟子們脫胎換骨。

「事情不是這樣的！」德慈有時還想解釋。

「你是來懺悔？還是來辯的？」師父厲聲拍著桌子。

這是師父的「激將法」，故意刺激弟子，再暗中觀察他們的反應。師父給予的考驗在一開始宛如難以下嚥的一帖「藥」，苦到了極點，德慈心中「不服」。

在俗家，養母也很嚴格，罵歸罵，但「是就是，不是就不是。」她講道理。但是，有時事情明明不是這樣，師父卻故意說是這樣，你不能反抗。我有時無法接受，師父就是要教我如何做模範。

內心臣服的過程是在破除習氣、消解煩惱。一直到老，師父還是不斷地在試煉弟子。

幾年前的歲末，師父將前往全臺各地行腳，發送「福慧」紅包予會眾，為大家祝福。通常一去一、二十天，甚至更久，德慈不捨師父奔波勞頓、常立久站的辛勞，一心想為師父分擔。

「師父，我想跟您出去行腳，可以幫忙發送紅包。」師父停了大概一秒鐘，看一看我，說：「有需要嗎？」

師父旁邊有好幾位弟子，我就說：「如果沒有需要的話，我就不要去。」師父沒有再講什麼，所以我就沒有去。

「有需要嗎？」在場的師兄弟聽出大師兄的好意被師父冷然拒絕。

「師父一定不愛你！」有人私下替他感到不平和委屈。師弟挺師兄，那麼師父該放在哪裏呢？

「不會啊，師父說這樣，就是這樣。」德慈向師弟說明時，內心波濤不驚。

「我不會難過或不高興，也不會覺得難堪，反正我就是在家。」他聽師父的話。

德慈昔日那雙腳，騎腳踏車載著一百斤的番薯衝上美崙忠烈祠前面那一座吊橋；騎著機車載著師父訪視貧戶，也載送《慈濟》月刊到郵局寄送。當常住開始去學開車，德慈也興沖沖地想去報名，師父替他踩了煞車，不讓他去考汽車駕照。

德慈連一句「為什麼？」都不問。「師父說這樣，就是這樣。」他疑惑不生。就像這次，師父沒有答應他隨師歲末祝福，若是連大師兄對師父都有疑、有怨，師兄弟之間再訴苦一番，德慈臉上豈能湧現那淡然一笑？

師父在那麼多人面前好像給我「漏氣」，有人可能會「見笑轉生氣」（意即惱羞成怒），我們都不會了。所以當師父用這種方式教育其他人，有人立刻有不高興的表情，所以師父才會對德融說：「也只有你們這幾個可以罵而已！」

是愛，而不是權威

證嚴法師對第一代弟子的教育，看起來是絕對的權威。

以前打坐，若是打瞌睡都要挨香板。師父就是要我們「破我相」，不要我執太重。師父很有威嚴也很忙，要看經典、準備開示內容，不會來找我們聊天，我們也不敢隨意跟師父說什麼。

相較之下，師父對於後來出家的弟子多所鼓勵，很少說重話。師父說不定是別有用心，故意責怪第一代弟子，像是合演一齣戲，讓年輕弟子們了解以前他是如何教育僧眾，以及弟子應該如何受教吧？

師父行腳，隨師的年輕弟子只要稍有疏失，師父不責怪他人，「紹雯，你怎麼沒有教好？」師父對德融這樣說。

「我只是小學生，他們都是大學生。我怎麼會教呢？」德融在心裏對自己說。

他大可覺得無辜，卻能體會師父有多麼重視經驗的傳承。有時師父看著他，向身旁其他弟子說：「你們多少幫忙一下，看看旁邊這個人，做到背駝成這樣了……」德融知道這是師父的體恤並藉機教育。他，低頭不語。

四師兄德恩去世時，師兄弟為他出版緬懷集，中生代的德懋憶及出家不久，便覺得師父待他一反過去的慈藹，一次被師父追到面前責問，令他不寒而慄！事後向四師兄「訴苦」，聽聞德懋已經常住兩年，「兩年才開始調教，有點晚了！」四師兄的話令他立刻釋懷。

也是中生代的德倪，與德慈一同擔任知客師，一次隨著大師兄進入師父的書房，大師兄因某事被師父數落，「是、是，懺悔！」大師兄態度恭謹。當師父說完話，大師兄瞥見書房裏某件東西，「咦？師父，這是什麼時候有的？我怎麼沒有看過？」師父答：「不知道是誰送的，我也忘記了！」

前、後一秒鐘，氛圍變化之大，師徒心無芥蒂，令德倪大感驚訝。「手畫虛空，船過水無痕。」德慈說，師父經常這樣教他們，事情過了不留痕跡。

師父除了平日的開示，也用許多生活小事教育弟子。德昭記得早年精舍有少數居士來安單，幫忙常住做事。一天，師父生氣地將他們五位師兄弟叫到大殿。

安單在這裏的老菩薩們，其中一人說：「喔，誰對你都特別好。」她們為了這個相互計較，又去向師父告狀。後來我們師兄弟都被師父叫去，在大殿佛前跪成一整排。

師父那次教導他們待人不能有分別心，要以「平等心」，才不會造成隔膜和紛爭。

世代不同，第一代弟子感受師父對於後來的弟子雖然還是嚴格，教育方式已經有所調整。德慈認為，修行最重要的還是回歸個人的自律，不要放縱習氣。他說：「師父很人性化，不會立太多規矩來管人；他每天講經，就是在教育弟子。」

引蛇出洞，破除習氣

德慈年輕時其實也沒這麼順服，倒是德融得自於家教，「德融動不動就跪下來向師父懺悔，我們都要跟著他。可是有時我會說，事情根本不是這樣！師父說我：『上梁不正、下梁歪』，意思是我沒有帶好。」德慈說。

師父對弟子的肯定不假言語也不形於色，處罰卻是連坐且公開的。尤其責成德慈要將底下的師兄弟帶好。師父昔日在家，弟妹若有錯，他一定跪下來請求養母的原諒。如此的身教，他也要讓弟子引以為戒。德慈甚至說——

師父對待弟子的方法很特別，明明你沒有那樣，他偏偏說你有，看你能否忍耐，是不是罵不走也打不走。他故意試探弟子的心性，考驗你修養的程度。

順境難以修行，德慈能吃苦也能忍受悶氣，就是無法遭受他人刻意曲解。面對師父「逆向式」的教導，大弟子若是「不服」，又如何能做師兄弟的模範？

當然，師父是不會放過他的！

德慈很少對人說起這段往事。他跟隨師父修行進入第七年，養女真容已經上了國中……

師父不希望我們修行人亂跑，可是孩子上了國中，學校舉辦團體活動，我覺得孩子也不能綁得太緊，她也不是貪玩。

有一天她從學校回來已經晚上十點多，有事先跟我提過。那時我們都要睡了，她還得整理一下東西，結果吵醒了師父。

師父的責罵讓我覺得委屈。我已經事先請示，師父也答應讓孩子參加活動。隔天，師父又再責怪我。

「之前就經過師父同意了啊！」我正在掃地，聽了心裏不高興，直接回嘴，將掃把一丟就走了！

「你給我回來！」我不理會師父。我打從心裏想要反抗！打算離開這裏，也管不了真容。我帶了一件長衫，從精舍後方的田埂小路跑走了。

經過三棧溪，涉溪時水流很大，差點被沖走，衣服被沖走又撿回來。我走到了太魯閣，詢問臺北來的遊覽車是否有空位能讓我搭便車？

當時我邊走邊哭，哭了一整臉，人家一看也知道有事。我到臺北找媽媽的結拜好友，借住在這位阿姨的家。晚上睡覺時想到師父——「我跑出來，師父會不會又心臟病發作？」

那時精舍只有德昭、莊是老菩薩幾個人而已。雖然有人在師父身邊，但我也會擔心。我當下的心情，一方面擔心師父，一方面也很生氣。

精舍這邊也一直找我。德融的媽媽和美美歐巴桑（布行老闆娘）知道我偷跑的事，正好歐巴桑來臺北受菩薩戒，找到我借住的地方，一見到我，就朝我的手臂打了一下，「哎喲，你這樣害師父煩惱！要趕緊回去！」

那時一九七〇年，德融、德恩、德仰正好來臺北受戒，我去戒場找他們。那一天是農曆二十三日，隔天是濟貧發放，我當作沒事一樣，就說我來看你們。

德融比較敏感，或是俗家母親已經告訴他了，「你怎麼今天來了？明天二十四了呢！」德融說明天要發放了，師父一定很忙碌，催我趕快回精舍去。

我搭許聽敏老居士家的貨車回花蓮，但偷跑出去要再回來，心裏也很有壓力。因為還在氣頭上，我沒有直接回精舍，就去美崙找俗家的姊姊，借住約兩、三天。接著，在仁愛街的俗家發生了火災。

火勢從成功街燒到仁愛街，全部燒掉了！那天傍晚，我在姊姊家裏，有人來告訴我們市區發生大火。從頂樓看去，一片火海！

「那不是我的俗家嗎？」我抵達現場附近，幾條街道都封了起來。那場火災共燒掉五十多間房子，好大一片！都是木板房。隔天，我陪養母回去家裏清點物品，師父一行人也來勘災，德利豆干店的靜慈等委員也來了。

「師父！」我站起來喊他，他沒有應我。其他人一直勸我要回精舍，第二天我就回去了。一回來，就向師父懺悔。

師父就是要磨鍊我。「我並沒有這樣啊？」我會反抗、會頂嘴；德融和

德恩他們不會。不過，師父有時罵了你，會再分析給你聽。

德慈若沒有任性出走，在那場急難救助的勘災中應該跟在師父身邊拍照吧？師父「引蛇出洞」，藉以破除他的習氣，雕塑他更加穩定。

少了一個釋證嚴

內在已然馴服的大弟子，師父才能放心將僧團交託。

「紹惟，現在怎麼樣？」師父有時召喚德慈的法名，「惟」他是問。排行第十二的德宣當年接替大師兄隨師，每當有事想要「就近」請教師父，得到的回答總是：「去問你們大師兄！」足見大弟子在師父心中的地位。

師父忙著慈濟事，將僧團交給大弟子領眾，德慈深受師父的信任和倚重。

「早期到現在也沒有設立監院或組織，師父認為每個人都是平等，不要立太多規矩來管理。真正要修行的人會自我約束。」德慈說，師父以前很嚴格，但是內心很疼惜也很照顧弟子，期望弟子能有成就。

僧團只有二、三十人時，他們做什麼事都和合共事，「長幼有序、守戒律」。後來人多了，空間也愈寬，大家分工做事不常在一起，感情自然不像以前那麼容易凝聚。而師父為了濟世蒼生，對待弟子也多以鼓勵代替責備，「因為師父沒有時間，所以這個責任我要擔起來，照顧好每一位常住，這樣才能對師父有所交代。」德慈說。

師兄弟之間難免因為不愉快或起紛爭而來找大師兄，告狀或要求評理的都有；然而，德慈沒有一句公道話可說。他沒看見的事不予評斷，即使有人抱怨大師兄無能，他自行消化，卻還是殷殷勸勉：「手畫虛空，不要計較也不要生氣，過去就沒事了！」

「修行的目的是要學習佛的智慧與慈悲，包容、善解，才不會每天在煩惱中。既然出家，若沒有利益眾生，至少也要修養自己，否則愧對三寶（即佛、法、僧）。」德慈說：「人我是非來到你這裏就沒事了，這是最重要的。

遇到境界，要以佛法來觀照，不要當面衝突。我們要練習做錯了被罵也是應該，不要怕沒面子，這一點練起來就成功一半。」

德慈的心性經歷師父一番雕琢，特別體會其嚴厲之下的慈悲。年輕時曾被師父丟過一次包袱，師父並不是真正要將弟子掃地出門，而是要他用功精進。得知德慈是生病了才起不來，並非違反戒規，趕緊借錢讓他去就醫。

而後偶有師兄弟離開道場，若因道場生活太辛苦而選擇離去，德慈並不勉強；若因其他原因，當婉勸不了也無力解決問題時，「我們常住讓人住得不安心，讓人待不下……」德慈說話時，顯然為自己無能替師父將人留住而感到痛苦。

證嚴法師信任大弟子，也相信弟子們都是發願來出家，他其實很放心，也很少召喚德慈。然而一回，德慈遇到他無法處理的事情，實在不得不打擾師父。

「紹惟，怎麼樣？」面對師父詢問，德慈一五一十地敘述。

難得一回師徒對望，談到僧團的事，「我裏面就是少了一個釋證嚴！」師父總結似地吐露真言。

「是啊，全世界也就只有一個您啊！」德慈自嘆智慧不足。

德慈年邁了，後來僧團的事務由中生代弟子共同制定規章。當呈給師父定奪，德慈在一旁看見師父盯著那一團文字，反問：「這個也要遷單，那個也要遷單，你們要這些人遷去哪裏？」

遷單，就是逐出僧團，情節嚴重。「如果在我們這裏都不能……出去了，就算有地方可去，人家一問起來，喔，從證嚴法師那裏出來的。」

師父沒有再往下說。

指日可待的模範道場

「沒有教不會的學生，只有不會教的老師。」師父昔日對慈濟教師聯誼會的老師慈示，要以菩薩心教導學生，不能放棄學生。師父又怎會放棄任何一位有緣跟隨出家的弟子？

某日，德慈在大愛電視臺收看「高僧傳」節目，其中歌子戲團演出《佛遺教經》中佛陀入滅的故事。

「大迦葉尊者號召五百比丘，將佛陀所說的法結集為經律，好像六神無主……」德慈想像未來靜思精舍也將面臨同樣的場景，帶著憂心默默流淚。

儘管有著憂心，德慈認為大部分的師兄弟都很精進，套句他這一輩的形容詞是：「大家都很乖。」他說：「師父說，他沒有愧對大家，因為每天講經就是在教育弟子。明白的弟子聽了開示就能受用。」

「師父大部分的開示，都在教育弟子做人的方向和做事的方法，入群處眾，人格成即佛格成。」德慈希望師兄弟們把握當下，「大家要認真修行，不要過一天、算一天，道心要堅固。」

唯有聞思佛法、帶入修行，如師父所說「引法入心」，縱然色身無常，法依舊在，師徒法緣也能延續生生世世。

靜思精舍要成為比丘尼的模範道場，這是師父的期許，更是大師兄留下的祝福。

參考資料：

《雲淡風輕　似水人生——記憶恩師父》，靜思精舍出版，二〇〇五年八月。

修行是哪兒都不去

既然出家了，就要下定決心改變習氣、學習智慧。即使無法利益眾生，至少也要修養自己，否則愧對「三寶」。在家人對出家人的恭敬也是供養，如果我們不用道心去回饋，如何消受得起？——德慈法師

小沙彌仰躺著，雙手枕靠在後腦杓、蹺起一隻腳，一付閒來無事的樣子。才落入德慈手中，整個人都變了樣！

「這個小沙彌被我『開刀』整理過了！」德慈一臉「靦」笑，「我把他的腳拉直，重新『撿了一個勢面』（意即換了一個姿勢）。」陶偶經過加工，小沙彌出門幹活去了，肩上還揹著一捆柴薪。

童子無事一身輕，沒事找事的是德慈。臺灣光復以後，德慈與家人避居鄉間，重回花蓮市區繼續小學課業，每天早上做完家事正準備上學，養母又叫住她去撿柴。眼看著就要遲到，她在屋後哭著直跺腳！

將過去受限於環境無奈的記憶融入藝術創作，德慈療癒自己；可是自小養成的勤快，而後跟著「分秒不空過」的證嚴法師，這位大弟子「變本加利」，竟然一刻都不得閒了！

無獨有偶地，二師兄德昭也對一隻玩具熊說話。

「小熊，你只會在那裏跳跳跳，怎麼不來幫忙工作？」裝上電池的小熊覆誦德昭的話，乳臭未乾的童音像在反問自己為何偷懶，惹得與德昭一同剝著印加果的五師兄德仰莞爾一笑！

從靜思精舍長老尼的日常活動，便得以窺見他們的生活哲學與價值觀。

觀前顧後，守護常住

德昭戴上斗笠、換上黑色膠鞋，拄著兩支枴杖下田巡視，當作健走。這位務農高手對於作物的施肥、除草和澆灌，樣樣盯得緊。

「快點！快點！」耳畔彷彿還聽見大師兄德慈的催促聲。師兄弟從三十多歲聽到老，長繭的不是耳朵，而是手和腳。

無論下田或是做手工，大師兄帶頭一路催趕，正因為第一代弟子做事「快快快」，才有今日腳下這一片土地可以讓人慢慢走。

大師兄做到腳趾變形，兩個膝蓋也動過手術，可晚年那小碎步還是快。聽聞常住有人工作中身體不適，或親自做了點心慰勞師兄弟和志工們，他駕上電動代步車一路飆去，暢行無阻。

如今德慈不再指揮，他走後，德昭與德仰依然天天坐在寮房前的穿堂剝著曬乾的印加果。一日，見大師兄的弟子純賢來清理寮房，小小的皮箱一拎，大師兄的寮房就空出來，沒留下什麼。

修行人兩袖清風、清心寡欲，「無我」也「無住」，德慈的明快唯一抓住「時間」。這也讓他在短暫的世壽中回眸時，感到滿足與幸福。

「我一直希望能夢見慈師父。」德昭不說思念。儘管朝夕相處的大師兄不在人間，德昭照樣巡視農地，看見雜草比作物還高，禁不住放下一根枴杖，一腳在前、一腳在後，要不是年紀大了，膝蓋無法彎曲，真想抓起鋤頭好好整理一番呢！

我靠著枴杖，雖然腰彎不下去，也蹲不下去，多少還能做一點，我一直不想休息。

我真的很愛做（農事），但是沒辦法，腰會痛。如果一直叫人家做，自己卻沒辦法做，也會感到自卑。也怕別人說我不識字卻愛管東管西，但是我說「我愛常住」啊！

德昭與大師兄早年承諾師父在精舍「顧厝」，德慈對外接洽事務，對內擔任知客，廣結善緣；德昭承擔總務、管理大小物品，管「東」管「西」難免流於碎念——

我顧厝，有時真「顧人怨（遭人背後抱怨、不歡喜）」呢！以前艱苦過來，所以我一直注意什麼時候應該開燈、關燈。太暗了要開燈，免得有人不小心跌倒；若太亮或沒人使用，就要關燈節電。

像師父就很節儉，在寮房裏連五燭光的燈都不點，洗手後的水留起來沖廁所。我也學起來，冬天洗衣服有時也沒脫水，從領子那裏開始慢慢擰，都用手扭乾。

常住不接受供養，雖然現在吃、穿較不用煩惱，但是吃完飯，碗裏會加點溫水再夾塊菜拌一拌喝下去，一點點的食物都要惜福！

早年種稻，師兄弟半夜巡田水，「師父吩咐，鄉下比較偏僻，晚上一定要兩個人作伴。一是擔心遇到壞人，而且路上常出現蛇。」德昭自年輕便保有這樣的警覺性，時時留意著常住眾的安全。

以前還沒有慈誠隊師兄來精舍值班，晚上我如果聽見哪裏「叩」一聲，或者水溝蓋被踩到的聲音，我就起來從裏面看一下。

精舍四周陸續添購農地，包括食品加工的協力工廠也設在外圍，常住頻繁進出工作，有時晚間還必須趕工出貨。德昭在就寢安板前，站在後門的迴廊上，背倚著梁柱看似在運動，事實上是留意在外面工作的常住是不是都回到山門。

二師兄默默在晚點名。

老實做事，與人無諍

因為顧家，德昭記得五十多年來隨師行腳只有五次。一次難得被告知可以跟師父出門，他高興了老半天，行李也準備好，「那天很晚才通知我不要去，換另一位比較會招呼人的師弟去。」德昭就寢前結束了一場白日夢。

大林慈濟醫院動工典禮，師父叫我們前面這幾個弟子去參加。我想去，但負責新講堂的工程，屋頂還沒有完成，慈誠師兄聽我一說，就多請一

位師傅來趕工，我才順利去成。我都顧家，慈濟的活動，我很少有機會參加。

德昭認分，每次都在大殿前目送師父，然後盼著師父回來時接駕。五師兄德仰也是「顧厝」，在衣坊間縫紉修補，除非替師父量製衣裳，師徒很少直接面對面，更少有機會單獨說話。

德仰自從眼力不佳，衣坊間由同為裁縫師出身的德佩主責，他到協力工廠幫忙做食品包裝。晚年經歷中風，執事改為幫大寮（廚房香積）剝印加果或龍眼乾等，這需要用點力氣，正好用來訓練手指的靈活度。每工作一小段時間，他起身走動訓練腳力，「身體能做事就好。」德仰期許自己。

俗話說，「做一天和尚，敲一天鐘」並非消極意義，「如果一天不做事，就覺得不敢吃飯啊！」德昭的話也說中德仰的心聲。

德仰自小有漢學底子，多年來利用晚間教常住誦經，其中《楞嚴咒》的咒語單字很難，長長的句子還必須注意語調和斷句，使用漢文發音並不是識字就能念誦，因此不斷有人來向他請益。幸好中風並未傷及他的語言功能，才能持續教學。

德仰教常住誦經，每次一小段落重複讀誦，上課前先複習再教新的進度，不讓學習者貪多求快，教學很有次第而且極具耐心。早期，他也教打坐，自從腳開過刀無法盤腿，「自己做不到，也不敢教人家了。」他對自我要求很嚴格。

他和德融一樣話少，甚至更少。教人誦經是他講話最多的時候；此外，隨和善順的他很少向人說「不！」面對他人詢問時往往輕輕點頭示意，很難想像他在年輕時被師父糾正：「講話不要那麼粗魯，太大聲了！還以為你在跟別人吵架，但是看你的臉卻又笑笑的。」

說話輕聲細語可以展現氣質，而不綺語、不兩舌，也就是不諂媚、不挑撥離間，避免造下口業，這是學佛人的基本戒律。某日，德仰聽見有師兄弟品評著大寮所煮的菜色，閒話具有感染力，他輕輕提醒：「別人三頓煮好好，我們坐下來就有飯吃，對他人的付出應該心存感恩。」

偶爾聽見師兄弟之間似乎有些嫌隙，「也沒什麼嚴重的事。我們要自我照顧好，不要讓人起煩惱。自己要明白如何待人處事。」他好意勸說。

「修行」二字聽起來學問高深，落實在第一代弟子的身上，無非就是老實做事、與人無諍。

跟上板聲，就有法味

四師兄德恩個性活潑，大家暱稱他「古錐（可愛）師兄」，他生前與德融長期身為師父的侍者，且兼慈善訪視。兩人跟在師父身邊，每遇急難事件，德恩經常閱報以了解詳情，德融則收聽廣播蒐集即時新聞提供師父參考。德恩病歿之後，代替師父從事國際賑災事務十一年的德融，決定專心守護師父，寸步不離。

德融回憶與德恩工作與生活相處融洽，彼此之間就算小有逗嘴，德融形容就像以手切開水面，一下子又合起來，「船過水無痕」！

我和德恩同寮，他喜歡躺著看報紙，床很小，他的手張開會擋到我。我把報紙打下去，他又「嘿嘿」笑著拿起來。他很活潑頑皮，你能對他生氣嗎？所以我換個方向睡，就不會被他的報紙擋到了。

以此，德融體會「修行」二字說穿了，就是能與人和合相處。

師父從來不曾讚歎我們，有一次他當著信眾面前說：「他們不是很能幹，而是很直心、老實修行。唯一能跟人家講的，就是他們幾個師兄弟很合心！」

有的人看經、拜經，知道了道理，但是跟身邊的人發生摩擦卻轉不過來。常住兩百多位，若能與眾人磨合，生活沒有摩擦，修行就成功一半了。我也鼓勵後來的師兄弟：你們有博士，也有碩士、大專生。我們那時候只有「小學生」，我們只是「合」，做到「師父怎麼說，我們就怎麼做」。

你們若是能「合起來」，也許這樣形容有點誇張，但要扭轉中央山脈都一定有辦法！

德融二十出頭跟隨師父，他的母親在慈善院聽師父講經很是歡喜，認為女兒找到了一位好師父。

我是媽媽送我進來的，後來她知道我們種田很辛苦，她很心疼。我會把自己的苦積壓下來，不讓她擔心。師父的教導很嚴，不過我們也沒有離開，師父用心良苦是為成就弟子的人格。

即使沒有去念佛學院，德融認為光是師父所教導的便足以受用一輩子。「師父教我們要走前門，他都不走後門。很多人習慣方便走後門，粗的都不能守了，細的呢？」德融說，師父以身作則、自律甚嚴，上大殿時也會看看哪些位置，誰在、誰不在，很重視弟子們的修行。

「板聲是出家人的號令。精舍從以前到現在都很有法味。」德融說，跟得上板聲就能凝聚道氣。師父也說過，天氣再冷，只要聽見板聲響起，翻身、起床，每天早上就是這兩個動作；將一件小事堅持做五、六十年從不間斷，就是修行。

「師父的身體不好，每天要處理很多會務，隨師或跟著師父在外行腳的人都知道，師父真的不簡單！」德慈也說，健健康康的人跟著師父幾天，就覺得好累，「可是師父都不說累，是靠精神毅力在支撐。」

「有人要來親近師父，我都會告訴他們要把握當下！若失去這個緣分，不知幾世才能再遇見這樣的導師？」德融說。

追隨明師，至心無悔

「師父不知道是哪一尊佛或是聖人所教導的，不曾出國卻能看見全世界！」德融聆聽無數次師父對於國內、外重大災難的指示。「師父的原則不變，但是格局很大！」他以師父在災難過後提出「以工代賑」為例，這個方法不但加速災區復原，更重要的是災民投入重建有助於化解傷痛和陰霾。這是師父過人的智慧。

德融跟隨師父身邊，見識師父勇敢開創的性格。一九九一年，慈濟到中國大陸賑濟水患災民，當時並非所有的志工都贊成。一位慈誠隊員，妻子也是資深委員，夫婦同修一路護持師父濟貧、蓋醫院、辦學校等，可是這位慈誠志工不贊同師父幫助大陸災民，致電精舍提出質疑。

「這幾天師父不吃、不睡，聽見雨聲或是打開水龍頭的聲音，就像自己全身溼漉漉地……」德融僅道出師父的心情，對方便感同身受也放棄意識形態，後來參與街頭募款，更親自到大陸「親手遍布施」。

「政治是少數人的舞臺，影響的卻是天下蒼生。」師父的慈悲一向是最好的解答。

師父從慈善、醫療到國際賑災、骨髓捐贈、社區志工等，任何一項志業的推動都遇到阻力，有人不看好、不理解、不認同，即使遭受毀謗，師父說：

「就算被罵，我還是頭殼犁犁，一直犁去。」閩南語發音的「犁」字具有雙重意義。「犁犁」是低頭的意思，後一個「犁」代表耕耘，也就是一直做下去。面對質疑或中傷，師父的回應恰恰是這兩種。師父不加以解釋，不是抬不起頭，而是埋首默默地做下去。

「師父的包容心很大，慈濟志業才有辦法做起來。他要救拔苦難，只要對人有益，對的事，他就去做、去說服，讓人心服口服一起來做。」德慈說。

師父堅持「自力更生、不受供養」，印順導師曾經擔心這位弟子被孤立；早年護持慈濟在中部開展，接引出許多種子志工的達宏法師，也擔心這樣的堅持會被認為「自命清高」。但師父說：「若非自食其力，精舍出家眾可能就無法與全球慈濟人結善緣。」

精舍常住眾知道為何而做、為誰而忙，便能將身心安住在道場。雖然每天從事大量勞作，當一天工作結束，洗盡塵勞便感到清心自在。這是在家人難得享受到的「清福」。德慈說，師父每天講經，是為增長弟子的「慧命」，

「修行不是為了生活而來，而是為『法』而來。」

身體力行，印證佛法

「我做事不會嫌辛苦，也不會不情願，但是我的智慧不足，什麼話該講，什麼不該講，有時甚至誤事。所以不太敢承擔重要的事。」德慈直到晚年還時常自我檢討身為大師兄的角色。

二〇二一年年初，德慈於大手術後出院靜養期間，依然到陶慈坊修飾佛像半成品。儘管身體虛弱卻坐得挺直，拿著雕刻刀一筆一劃，虔誠而專注。

耐煩細瑣，做好該做的事，德慈直到臨終前依然保持這一念。年輕一輩的師兄弟在醫院輪流照顧大師兄，觀察他只要一下床，哪怕只是如廁的短暫時間，都隨手將被褥摺疊整齊。四師兄德恩當年住院也是如此。由小窺大，舉手投足間莫不展現出修行人守戒律、重威儀。

「俗話說『望子成龍』，師父很用心也很嚴格教育我們。我們既然出家了，一定要認真修行，不能馬馬虎虎。」德慈說：「我講古時講得很簡單，主要是想把師父的那分精神向世人傳達：有這樣一位聖人做出佛陀的精神，為人間苦難眾生。」

德慈跟隨心目中的聖人修行五十七年。證嚴法師在大弟子病篤時，給予開示和肯定：「德慈，我們師徒這輩子要做的，就是利益眾生、造福人間；我們都做到了，沒有虧欠！」

師父羨慕德慈比自己更廣結善緣；四弟子德恩辭世時，師父則讚歎這位弟子比自己有福，「走過比我走更遠的路，曾經到大陸救災，親手布施。」

「感恩德恩跟我四十年，準備給我吃，給我用的，要去住院那一天還把點心端到我面前。」師父說，德恩即使生病，每一餐都準時到齋堂，也沒有缺過一天的早課，只為了不讓師父擔心。

「在團體中修行，我們要以平靜與平淡的心，守好生活規則，德恩就是一個堅守生活儀軌的人。該出現在我面前、該有什麼動作，他都有做到，非常善盡本分。不會讓我掛心，這一點我很佩服他。」

「他雖然淡泊一生，卻令人對他產生一種淡然，而揮之不去的愛與敬。」師父讚歎連連，德恩清淨如水，淡淡地予人滋潤。

師父所說的「淡如水」，並非冷漠待人，「師兄弟之間，彼此有一種相互需要的心態，以和氣、互愛相對待，而不厚此薄彼。」在師父眼中，德恩待人怨親平等，這一點最難得。

守志奉道，安住修行

「自臺灣光復以來，比丘尼們憑藉自己艱苦卓絕的奮鬥，已成為佛教界的重要支撐力量，在社會上也扮演著越來越重要的角色。」二〇〇二年七月，四川成都區的佛教學者十多人前來臺灣參加「第三屆臺灣當代佛教發展訪問團」，其中，四川師範大學文學院講師房銳後來在《佛藏》雜誌（註）發表文章，肯定圓融法師、天乙法師、曉雲法師、證嚴法師等，都是傑出的比丘尼。

「他們以弘法為己任，艱苦創業，或嚴持戒律，教導比丘尼自尊自重，或致力於文化教育事業，或偏重於社會慈善活動，為臺灣佛教的興盛作出了極大的貢獻。」

那個世代出家的比丘尼也許學歷不高，但是堅持苦修的精神卻足以樹立高尚的道德情操。至於年輕一輩的僧人，相對來說接受良好的教育，但在弘法時，「**他們的修持時間是否能夠得到保證？在富庶繁榮的社會裏，僧人們怎麼才能保證足夠的道心？**」房銳針對這項觀察持保留態度。

「博聞愛道，道必難會；守志奉道，其道甚大。」證嚴法師經常引述佛陀開示，教導弟子們學佛並不是在文字下功夫，這與學者所觀察的現象不謀而合。

德慈講古是「說我所做」，「來精舍要『端這碗飯』很大碗，你沒有經過鐵鎚錘打過、烘爐磨鍊過，如何能領眾？光念過書本是沒辦法的！你要是經歷過，就能夠侃侃而談。」德融觀察指出，後來師父聆聽年輕的弟子講述佛法心得時，也依然重視其所言是否真正做到。

靜思僧團五大長老弟子：德慈、德昭、德融、德恩、德仰，隱身在僧團默默支持師父和道場，自覺平凡，卻認定跟隨全世界最偉大的師父。他們沒有走在人前，卻宛如種子般破開自己，承擔淬鍊，化為巨大的樹根，扎根向下、默默吸收養分，用以抓緊大地，支撐向上開枝展葉。

對他們來說，出家就是以一顆素直之心，在生活中修正自己，藉以圓滿自己的性德。修行哪兒都不去，安住一念心。

（註）〈我看臺灣佛教〉，房銳撰文，《佛藏》雜誌第二十五期，二〇〇八年二月十三日。

參考資料：

一、《雲淡風輕 似水人生——記憶恩師父》，靜思精舍出版，二〇〇五年八月。

二、〈一生似水清淡的德恩師父〉，七月五日農曆六月六日，出自《證嚴法師衲履足跡．二〇〇三年秋之卷》，慈濟文化出版社。

三、《證嚴法師衲履足跡．二〇〇〇年夏之卷》，慈濟文化出版社。

做一寸、說一寸

【證嚴法師開示】

・欲超脫人生的苦難，就要捨——捨棄一切情欲，施予眾生大愛。諸位既選擇捨離俗家的小情小愛，奔向如來大家庭的長情大愛，佛法浩瀚如大海、寬廣無邊，從今爾後，要拉長情、擴大愛，把握時間及生命，上求佛道、下化眾生。

・在修行生活上，我沒有煩惱困擾，自心無欲，又很能吃苦，堪得餓、堪得苦、堪得不眠且堪得寂寞，遂感輕安，真正是「靜寂清澄」。

・修行，修於心、行於外。什麼是修行？對人有修養，懂得我讓、尊重別人，就是修行。

・專心清修不容易，人的無明雜念要靠自己轉化。假如有心修行就要能堪忍，在人群中，僧團和合，讓來的人，心很安。

・「今生不了道，披毛戴角還。」所以，生活要很謹慎，要心無欲，自己要努力，我們要為了廣度眾生而來人間，不是為了生活來修行，在道場中能做典範，為人群付出。

證嚴法師與五大長老弟子出生的年代遭逢戰爭與貧窮，最多僅能接受「小學」的基礎教育，出家後也沒有機會就讀佛學院。靜思僧團的修行方式是，以「戒」為師、以「苦」為師——身體力行、利益眾生、走入人群、藉事練心。法師告訴弟子們，處眾不需要說出一番大道理，只要「說我所做，做我所說」。

【大弟子德慈】

・我們早期是為了生活而操心，年輕時沒有時間多聞法，否則那時候的記憶力真好！

・雖然每天必須工作，但是修行不是為了生活而來，而是為「法」而來。師父每天講經，是為增長弟子的慧命，自己要去吸收。師父不可能一一調督，自己要多用心。

・我們這裏自力更生，能適應的就來，發心留下來融入道場，真正為佛教、為眾生，身心投入去做。

・精舍是精舍，功德會是功德會。精舍是獨立的，由僧眾自力更生而辛勤建立；功德會募來的善款是用來推動利益眾生的志業，點滴不漏、誠正信實。

・我在這裏，吃飯就吃飯，做事就做事，累了就休息。生活很簡單、思想很單純，一把椅子坐在這裏，就可以很專心做事。

．懂理，不懂事也不行，做人要圓融。手畫虛空，不要計較也不要生氣，過去就沒事了，不要結下惡緣。

．修行，就是修「心」而已。人我是非來到你這裏就沒事了，這是最重要的。遇到境界，用「法」來面對，不要當面衝突。

．我們要練習做錯了被罵也是應該，不要怕沒面子。這一點練起來就成功一半。

．修行的目的是要學習佛的智慧與慈悲，包容、善解，才不會每天在煩惱中。既然出家，若沒有利益眾生，至少也要修養自己，否則愧對三寶。

．俗話說「望子成龍」，師父很用心也很嚴格教育我們。我們已經出家了，一定要認真修行，不能馬馬虎虎。

．師父的包容心很大，慈濟志業才有辦法做起來。他要救拔苦難，只要對人有益，對的事，他就去做、去說服，讓人心服口服一起來做。

・師父很人性化，不會立太多規矩來管人；他每天講經，就是在教育弟子。如果來到僧團是為了修行，真心奉獻佛教，就會自我約束，做好自我管理。

・師父對待弟子的方法很特別，明明你沒有那樣，他偏偏說你有，看你能否忍耐，是不是罵不走也打不走。他故意試探弟子的心性，考驗你修養的程度。

・師父大部分的開示，都在教育弟子做人的方向和做事的方法，入群處眾，人格成即佛格成。大家要認真修行，不要過一天、算一天，道心要堅固。

・我講古講得很簡單，主要是想把師父的那分精神向世人傳達：有這樣一位聖人做出佛陀的精神，為人間苦難眾生。

【二弟子德昭】

・我沒有讀書，不懂什麼道理。可是，我不會因為這個人不好而一直生氣，我覺得不可以這樣。

・如果一天不做事，就覺得不敢吃飯啊！

・無論吃飯或做事，我很少遲到。用餐時間，我一定是第一個到齋堂等師父。當年為什麼變成是我呼班？可能是這個原因。「請合掌、問訊，請坐。」特別是午齋有些外來的訪客，我們要讓人家知道規矩。

・我們以前很辛苦，後來的人沒有看見過。我到現在還是很節儉，看到慈濟連在家人（居士）都做成那樣了，我從來沒有想要享受或休息。

・我真的很愛做（農事），雖然腰彎不下去，也蹲不下去，多少還能做一點，我一直不想休息。如果一直叫人家做，自己卻沒辦法做，也會感到自卑。也怕別人說我不識字卻愛管東管西，但是我說「我愛常住」啊！

【三弟子德融】

・板聲是出家人的號令。師父以身作則、自律甚嚴。

・師父對弟子的愛不是摸摸頭，他要樹立你的僧格，他對弟子的愛，深入骨髓！

・人與人在一起才足以修行，單獨一人無「行」可以修。常住兩百多位若是能磨合，生活沒有摩擦，修行就成功一半了。

・後來的師兄弟有博士，也有碩士、大專生，我們那時候只有「小學生」，我們只是「合」，做到「師父怎麼說，我們就怎麼做」。

大家若能「合起來」，也許這樣形容有點誇張，但要扭轉中央山脈都一定有辦法！

・來精舍要「端這碗飯」很大碗，你沒有經過鐵鎚錘打過、烘爐磨鍊過，如何能領眾？光念過書本是沒辦法的！你要是經歷過，就能夠侃侃而談。

・大師兄是最標準的修行人。他待人忠厚、老實做事，是我們精舍的模範生。

・我只是託師父的福在這裏安居樂業，我個人的故事並不重要，因為我所做的比（享）用的少。

・有人要來親近師父，我都會告訴他們要把握當下！若失去這個緣分，不知幾世才能再遇見這樣的導師？

【四弟子德恩】

．師父教我們，既已出家，理智要勝於感情！並告誡弟子要將工廠當道場，好好修心養性。修行人要悲智雙運，才能任事得宜。

．我們是來跟師父修行的。師父怎麼做，我們就怎麼做，其他的就不要去聽那麼多。

．師父要我們視照顧戶如同親人，用心打包發放物資才能表達我們的恭敬心。

．勇於承擔是一條路；不承擔也是一條路。道業是付出、用心，再加上時間的累積。道業還需放下私情，以初發心、無私的心、付出的心來走；並去學習一顆寬闊包容他人的心。

．「一念真心永存，雜念之心永除，慎念初心不變，永念佛心不忘。」這是我的座右銘。

【五弟子德仰】

‧當年師父要我們師兄弟每天背書，藥石（晚餐）之後，一人站在一棵樹下，各自捧著書努力地背。往事如煙，卻好像還在眼前。

‧我憨慢，不會講話。常住有人要學念經文，我只是會用漢文念，沒有學那麼多，更不會解釋經文。想了解經文的義理就要聽師父講經開示。

‧有事講一講，過去就好了。我們要自我照顧好，不要讓人起煩惱。自己要明白如何待人處事。

‧別人為我們用心準備好三餐，我們不用做什麼就有飯吃，應該心存感恩。

【後記】

忘路之遠近

「你會熱吧？我替你搧風。」德融師父沒打開天花板的吊扇，貼心地替我搖起扇子。

二〇一四年八月，融師父利用上人開會，身為侍者的他撥出時間親切回答我的問題，兩小時訪談結束後，他說：「我不想寫我的故事，我不要留歷史。進到僧團，只是託師父的福在這裏安居樂業，我做的比我用的少。」

同年夏日，望著屋廊外的大雨，以為德仰師父會取消到協力工廠做食品包裝，沒想到他戴上斗笠、騎上電動代步車，「閒再講，當作沒有這個人，不要寫。我不會講，歹勢！」望著他離去的背影，「一定會淋溼的！」心想，仰師父的故事也泡湯了！明知他也一向無話，老實修行。

二〇一四年四月，初次探詢德慈師父希望書寫他的故事，「慈師父講古」的內容令人百聽不厭，能將那麼辛酸的「奮鬥史」講得那麼有趣，受苦受難也不抱怨，出家人到底「堅持」著什麼「價值」？他為何要出家？慈師父宛如一座寶山。

「像我們這樣的團體很好、很殊勝，有需要向世人傳達有這樣一位聖人發心帶動大家，做出佛陀的精神，為人間苦難眾生。」經說明是書寫出家弟子，主角不是上人，而是靜思僧團。慈師父同意，但堅持不要個人出書。

這本書只好設定為「證嚴法師五大長老弟子」，至少是個明顯的分野。一九七〇年，第三、四、五位弟子德融、德恩、德仰師父同時出家，彼時，靜思精舍業已落成，師徒告別向普明寺借住的日子；而下一位弟子德和師父排行第七，皈依上人座下的時間相距七、八年之久。

出家所為何來

一九五〇、六〇年代，臺灣的女性要像上人這樣立志出家，雖不妄自菲薄卻前路多阻。比起時下年輕人帶著夢想去旅行的壯遊，那可難上好幾倍！「出離」必須單獨，加上家人反對等於舉目無親，若是身無分文，下一頓飯在哪裏？晚上睡在哪裏？旅行只是幾天、幾個月，而出家是一輩子。上人出家前後居無定所，出家約八年才擁有自己的道場，可想見日子多辛苦！

慈師父的記憶力驚人，過去講古很少談及個人，沒想到他和師父一樣也是兩次翹家，一場家庭革命鬧開來，從翹家到真正跟隨上人過著修行生活，期間歷時一年多的波折。也因此在出家後日子雖艱苦，「心裏很高興！」一般人難以理解這番心境。

慈師父對於俗家的事情坦誠以告，但認為不宜過多的書寫。德昭師父出家修行的因緣也很特殊，外表嚴肅的他同為養女出身，爽朗地談起孩提就想住在齋堂，也被算命仙說是「菜姑命」，偏偏不由自主地落入婚姻。

在「證嚴法師」沒沒無聞、一無所有時，花蓮五位在地女子選擇皈依、親炙師父，同志同道過起嚴謹的修行生活。師徒憑勞力賺取生活，自身窮到連搭公車到市區的車錢都沒有，卻願意每人每天多做一雙嬰兒鞋，相當於每人日捐四塊錢贊助濟貧，一路護持著慈濟志業的開展。

身心皆布施，生活忙得有目標也有意義，更不忘失修行人的本分。「到底出家是來修行？還是來當女工？」雖然曾經面對質疑，他們不做解釋。跟隨上人修行，護持慈濟志業，看似日復一日、一成不變的生活，卻將修行融入日常作務。「守志奉道」這一分難得的堅持，才成其偉大！

「沒想到『慈濟』做到全世界！」慈師父也驚訝於「慈濟」最初從花蓮開始，上人「慈悲濟世」的理念獲得認同，濟貧的工作在全臺各地展開，透過志工傳揚至海外，善行至今遍及一百二十七個國家。

慈濟事，不是「慈濟」團體的事，而是天下事。

自謙不留歷史

上人若沒有做慈善工作而選擇清修，深入佛法廣為宣說，德高望重所接引的對象應該與如今「濟貧教富」有所不同。五十多年來若是沒有「慈濟」團體，「不知道會有多少苦難人失救？」慈師父說。

天下苦難何其多！藉由眾人的力量展開行動，參與者不一定是佛教徒。很多人將「證嚴法師」和「慈濟」畫上等號，也以為「靜思精舍」就是「慈濟」，其實不然。上人沒有讓弟子進駐慈濟各分支會所，倒是隸屬僧團的「靜思書軒」在靜思堂展店，還向慈濟基金會承租空間。上人在財務上一向自律清嚴。

「精舍是精舍，功德會是功德會。」慈師父也強調，常住的生活自力更生、自食其力，慈濟的善款並沒有用在精舍的建築或日用。來到精舍參訪的人，看見師父們種田、做蠟燭、做薏豆粉等，從事許多勞務都是為了維持生活所需。

上人所到之處帶著光環，靜思僧團卻像模糊的背景，自許為「師父和全球慈濟人的後盾」。與上人相挺卻不走在人前，甚至自謙不願留下歷史的第一代弟子，最年輕的德恩師父在臺灣光復後出生，可惜於二〇〇三年以五十八歲早逝。五大弟子的故事僅二人願意受訪，一個無法平衡採訪的五大弟子傳記，展開後如一條虛線，多年來斷斷續續始終畫不成形，至感慚愧。

二〇二一年五月，慈師父病故，一本集眾人撰文追思，由慈濟期刊部王慧萍總編輯在短時間內匯編的《一蓑風雨任平生：樹家風 立典範 守志不動的德慈師父》紀念集出版，打破了慈師父最初的堅持，也解開接下來這本書在內容上的部分禁忌。

針對全書架構雖然資料蒐集不全，感恩在我之前，已經有文史單位著手相關的口述歷史，並慷慨提供訪談內容。感恩精舍德㮚、德懋、德懇、德晴、德淨、德㮊、德倩、德浩師父等；感恩人文志業中心廣播組已故蔣彤師兄，以「生活禪」為主題，進行精舍師父的系列訪問；感恩聽打志工林淑惠、李麗惠、賴玉里、包金鸞師姊。感恩慈濟基金會文史處前主任何日生師兄，以及賴睿伶、林如萍師姊的慈師父口述歷史資料；感恩《慈濟的故事：「信願行」的實踐》系列叢書編纂團隊王慧萍、邱淑絹、顏婉婷、洪淑芬、涂心怡師姊，以及慈濟《法音集》企畫盧佩玉師姊提供寶貴的資料參考。

這本書最後得以編著完成，感恩編輯涂慶鐘師兄以其歷史系的專長，仔細考證、校閱編修並勘正錯誤。此外，特別感恩推薦序作者慈濟大學宗教與人文研究所盧蕙馨教授，用心審閱文稿並給予方向指導，讓本書調整編修更加完整。

心靈的桃花源

二〇二一年初夏到精舍小住，穿著公用拖鞋走在迴廊，一位師父突然請我停下來讓他看看鞋底。「鞋底快磨平了，需要再貼膠片。」我想起頂樓洗衣場也有幾個塑膠臉盆經過黏補繼續在使用；晾衣場沒有洗衣機，只有三個單槽脫水機，有些志工甚至洗好衣物直接晾掛，說是：「替師父們省電！」

此外，精舍用餐仍維持以溫開水燙過碗盤，將菜湯油水喝下；收拾菜盤也用刮刀將菜餚刮得一乾二淨，一粥一飯，得來不易，惜福的程度從許多小地方得以窺見。靜思家風「克己、克勤、克儉、克難」，所言不虛。而常住師父的辛勞付出，卻是為了大眾。

在COVID-19防疫升級期間，出家前在花蓮慈濟醫院擔任護理長的德栩師父承擔精舍防護組。處事明快的他細膩又有耐心，一方面籲請在精舍工作的同仁減少外出，特別是避免經常進出大賣場，當人們受到疫情影響而感受諸多限制時，常住師父們關懷備至的行動，令人格外溫暖。

為了方便同仁，防護組讓大寮每天多為同仁準備早餐，也歡迎下班時自行打包餐點帶回與家人享用，菜園所採收的瓜果也請同仁自行帶回家煮食。每天午齋雖然改由餐盒打飯送至辦公室讓同仁食用，但是菜色營養豐富，還依同仁寫在飯盒上的個別需求「菜多飯少」、「不要素料」等，師父們歡喜滿其所願。

在精舍食用的每一餐飯，都是常住師父結緣。當我自覺慚愧，「飯吃得愈多，結的緣更深啊！」德融師父笑說。

德㮒師父在慈濟大學宗教與人文研究所的碩士論文，是以靜思僧團為研究對象，探討「大愛」精神的體現。他指出，靜思僧團的忙碌是為了兩個「生」：一是自力更生，但是修行的功課既如法也沒有少；二是利益眾生，生活忙碌是為了擔起天下的米籮，讓天下人有飯吃。

「雖然很忙，但是很專心。」他相信，很多師兄弟正因為精舍是「自力更生、不受供養」才來出家。

《華嚴經》有一句偈語：「欲為佛門龍象，先做眾生牛馬。」開山拓荒、從無到有，慈師父等自認平凡，卻因為遇見師父才度過了一段不平凡的生活，這是時勢造英雄。而修行不是高深的學問，是身體力行去付出。

二〇一〇年，國立中央大學將他們在太陽系所發現的一顆新的小行星，經「國際天文學會」通過，正式命名為「慈濟（Tzu Chi）」。這一顆在宇宙中運行不息的小行星代表臺灣之光。

兩千五百多年前，佛陀夜睹明星而悟道，佛陀當時說：「奇哉，一切眾生皆具如來智慧德相，只因妄想執著，不能證得。」上人也常說，人人都是未來佛。

佛陀在夜空看見一顆星，是發現自性光明；如今，天文學家將小行星以「慈濟」精神為象徵而定名。「慈濟」是一個團體，也可以廣義地解釋為一個超然的精神理念，靜思僧團第一代弟子，無庸置疑是最初啟動的軸心。

在陶淵明詩〈桃花源記〉，「緣溪行，忘路之遠近。」就像這本書誕生的經過，不知道走了多久才「忽逢桃花林」，那素樸無華的靜思精舍，宛如一座人類心靈的桃花源！

國家圖書館出版品預行編目（CIP）資料

修・行・安・住：證嚴法師五大長老弟子
葉文鶯編著 — 初版
臺北市：經典雜誌，慈濟傳播人文志業基金會，2022.06
444 面；15×21 公分
ISBN 978-626-7037-66-9（平裝）
1. 佛教傳記 2. 臺灣傳記
229.63　　111008662

修・行・安・住——證嚴法師五大長老弟子

創 辦 人／釋證嚴

編　　著／葉文鶯
主　　編／蔡文村
責任編輯／涂慶鐘
圖片協力／慈濟基金會文史處圖像資料組、蕭耀華、黃筱哲
美術指導／邱宇陞
美術編輯／形型設色工作室

發 行 人／王端正
合心精進長／姚仁祿
傳 播 長／王志宏
平面內容創作中心總監／王慧萍
平面內容創作中心副總監／黃世澤

出 版 者／經典雜誌
慈濟傳播人文志業基金會
112019 臺北市北投區立德路 2 號
客服專線／ 02-28989991
傳真專線／ 02-28989993
劃撥帳號／ 19924552　戶　名／經典雜誌
印　　製／新豪華製版印刷股份有限公司
經 銷 商／聯合發行股份有限公司
231028 新北市新店區寶橋路 235 巷 6 弄 6 號 2 樓
（02）29178022
出版日期／ 2022 年 6 月初版一刷
定　　價／新臺幣 400 元

心念是種子。請寫下它，善護念，並交給時間。